"一带一路"背景下投资与风险研究丛书

ONE BELT & ONE ROAD

投资者情绪与非效率投资

INVESTOR SENTIMENT AND INVESTMENT INEFFICIENCY

尹美群　李文博◎著

经济管理出版社

ECONOMY & MANAGEMENT PUBLISHING HOUSE

图书在版编目（CIP）数据

投资者情绪与非效率投资／尹美群，李文博著. —北京：经济管理出版社，
2021.2

ISBN 978-7-5096-7760-5

Ⅰ.①投… Ⅱ.①尹… ②李… Ⅲ.①投资—经济心理学—关系—企业—投资—
研究—中国 Ⅳ.①F832.48 ②F279.23

中国版本图书馆 CIP 数据核字（2021）第 031099 号

组稿编辑：王光艳

责任编辑：姜玉满

责任印制：黄章平

责任校对：董杉珊

出版发行：经济管理出版社

　　　　　（北京市海淀区北蜂窝 8 号中雅大厦 A 座 11 层　　100038）

网　　　址：www. E-mp. com. cn

电　　　话：（010）51915602

印　　　刷：唐山昊达印刷有限公司

经　　　销：新华书店

开　　　本：720mm×1000mm /16

印　　　张：10.75

字　　　数：155 千字

版　　　次：2021 年 7 月第 1 版　　　2021 年 7 月第 1 次印刷

书　　　号：ISBN 978-7-5096-7760-5

定　　　价：68.00 元

前言

　　本书以我国 2011~2017 年 A 股上市公司的经验数据为研究样本，通过 Python 语言设计网络爬虫程序，使用 SnowNLP 文本挖掘及机器学习的方法刻画媒体态度指数，运用实证研究的方法，实证检验社会网络媒体态度与企业非效率投资行为之间的相关关系，以及投资者情绪在社会网络媒体对企业投资效率影响路径中发挥的中介效应。本书构建了"社会网络媒体报道—投资者情绪—企业投资后果"的逻辑框架，其中，将社会网络媒体报道划分为正面报道和负面报道，分别反映社会网络媒体的积极态度与消极态度，探究不同态度的社会网络媒体报道是否会影响企业的投资行为。同时，本书将投资者情绪纳入研究框架中，尝试从融资渠道的角度，分析社会网络媒体态度是否会传递到投资者，使投资者情绪高涨或者过度悲观，进而影响投资者的投资选择，改变企业的融资规模。在该作用机制下，最终影响到企业的投资后果，使企业出现投资不足或投资过度的非效率投资行为。

　　本书同时检验了投资者情绪对社会网络媒体与市场反应的中介效应，考察网络媒体、投资者情绪及情绪传染效应对我国股价暴跌风险的影响。研究发现：①网络媒体态度与股价暴跌风险显著正相关，说明媒体过度乐观会使股票价格正向偏离内在价值，从而提高未来的股价暴跌风险；②通过中介效应检验发现，网络媒体态度与股价暴跌风险之间的传导是通过投资者情绪实现的，媒体正面报道使投资者情绪过度乐观，进而影响股价暴跌风险；③投资者对媒体报道的转发、评论及点赞可正向调节媒体态度与股价暴跌风险的关系，这说明我国投资者的非理性行为在网络媒体中存在情绪传染效应；④在进一步研究中，发现媒体态度的平稳性可显著降低未来的股价暴跌风险。

限于水平，书中难免有疏漏不当之处，敬请广大读者批评指正。

目录

第一章

总论

第一节　研究背景

信息时代的飞速发展，使社会媒体的信息获取与传播速度急剧加快。随着媒体对企业信息报道的日益增加，其已成为联系企业、市场和公众投资者的重要纽带。一方面，企业通过社会媒体披露自身经营情况，吸引潜在投资者，获取外部融资。另一方面，社会媒体利用信息追踪手段，全天候监督企业行为，降低信息不对称程度，从而通过舆情来影响投资者决断。

对于处在弱势有效的中国资本市场来说，社会媒体的报道特别容易让投资者的情绪产生波澜。最为人们所熟知的乐视网（300104）就是典型的案例，2014~2015 年，乐视在媒体报道中如日中天，独特的产业模式和资本雄心使无数投资者为之倾倒；然而 2016 年之后，公司一系列资金问题暴露出来，在媒体的口诛笔伐中被公之于众，投资者们瞬间撤离，以尽可能地降低损失。水能载舟亦能覆舟，即使媒体的报道和宣扬使资本快速站上风口，但是如果没能合理地经营，获得预期的投资回报，舆论的力量同样能够让资本迅速撤退，使企业快速走向灭亡。

同时，投资者的情绪也会对企业的投资行为产生重要影响。2018年 3 月，美国威胁将对中国价值千亿元的商品加征关税，还对我国中兴通讯公司实施制裁，七年内无法购买美国厂商生产的任何电子技术和通讯元件。禁令一出，投资者避险情绪高涨，中兴以及其供应商包括美国高通公司等股价闻声下挫。然而投资者情绪带来更多的是公司对自身的思考，对核心技术投资的思考，越来越多的高科技企业表示将加大对高科技核心技术领域的投资，加强自主创新。因而投资者情绪和行为明显激励了企业的自身投资行为和投资效率。

因此，研究社会媒体、投资者情绪与企业非效率投资之间的相互影响关系和作用机制就显得尤为重要，它能够帮助企业合理掌握舆情，巧妙获取外部资本，完善自身投资效率，从而长远提高企业的自身价值。

从现有文献的研究来看，对于社会媒体作用的研究已经形成一定的理论基础。国内外学者关于媒体的研究主要有三类。第一类是媒体作为信息的载体和中介，能够向资本市场传递相关的信息，缓解信息不对称，提高信息透明度。第二类是媒体具有监督治理功能。媒体对企业的监督能够缓解代理问题，保护投资者利益。第三类是媒体能够影响投资者和管理层的心理，这也是本书主要的理论来源。媒体作为上市公司的外部监管渠道，不可否认有助于完善资本市场外部环境，但其出于自利目的制造"轰动效应"也会令资本市场乱象丛生（熊艳等，2011）。一方面，媒体报道会影响投资者情绪，进而影响资产价格。另一方面，媒体也会影响管理层心理和决策行为（Hayward and Hambrick，1997）。从具体表现来看，Bollen 等（2011）调查了来自 Twitter 的大规模的消息交流所产生的集体情绪状态是否会影响道琼斯工业指数（DJIA）的价值。杨洁等（2016）运用百度搜索引擎和中国上市公司的数据，分析了媒体报道数量与股价波动非同步性之间的关系，媒体报道数量对股价波动非同步性存在显著"U"形影响，即当媒体报道贫乏时，股价波动非同步性随着报道数量的增加而减少，而当媒体报道丰富时，股价波动非同步性随着报道数量的增加而增加。

投资者情绪是指投资者基于错误观念及噪音信息对资产收益产生的错误预期，可以简要概括为投资者对市场表现得过度乐观或悲观。中国股市作为新兴市场，与发达国家的成熟市场相比具有一定的非有效性，以个人投资者为主体的投资群体使中国股市具有更强的心理特征及过度反应现象，投机成分较高、投资理念不够成熟，基本面分析与价值投资意识薄弱，这也极易产生羊群效应和过度反应。对于投资者情绪的研究，国外学者的研究较为完善，Brown 和 Cliff（2004）认为投资者情绪是投资者对金融资产价格的乐观或悲观预期。Wurgler（2012）提出投资者情绪可以被认为是投资者对于金融资产收益和风险的一种非贝叶斯信念，或者更简单而言可以被认为是一种非传统偏好。对于社会媒体是否会显著影响投资者情绪的研究，国内外学者都已竞相开展。Carretta 和 Farina（2011）以意大利 2003~2007 年的金融报纸为数据来源，运用计算语言学的方法来研究媒体报道对股市的影响，研究表明投资者行为会受到新闻内容和语气的影响。国内学者游家兴和郑建鑫（2013）运用心理学中的框架依赖偏差理论，共同探讨了媒体情绪在 IPO 异象中扮演的角色。汪昌云和武佳薇（2015）分析了 IPO 公司上市前在中国主流财经报道中的正负面词汇数，以此来测量同期市场的情绪。

另外，投资者情绪对于资本市场的影响研究可以分为投资者情绪对股票收益的影响以及投资者情绪的传染性。就投资者情绪对股票收益的影响而言，对于情绪的总体效应，已有研究结果表明，情绪与股票市场收益有很强大的关联性和预测能力。Ben 等（2012）的结论是：投资者情绪与整体股票市场同期的超额收益呈正相关，但与后期的超额收益呈负相关。Baker 和 Wurgler（2006）发现投资者情绪与股票预期收益所呈现出的负相关关系在不同的股票类型上表现出不同的特征，在小市值、次新股、高波动性、非盈利等股票类型上，投资者情绪和股票预期收益呈现的负相关关系更为明显，同时他们还研究发现情绪对不易估值和难以套利的股票影响更为显著。对投资者情绪传染的直接研究在长时间内都没有取得较大的突破。近几年，学者们开始从宏观层次研究这一问题，而相关经验的研究则主要集中于国家和地区之间的传染，Baker 等（2012）对有关投资者情绪在全球范围内传染的研究颇具代表性。他们认为，投资者情绪在市场间的传染主要有两种可能的渠道：一是当一国的投资者对他国的投资前景持乐观态度时，由于全球资本市场的开放性会让他们抬高当地的资产价格，这也是地区情绪产生的重要原因；二是本国投资者情绪高涨时，造成的本国资产价格变化会因为市场间资本市场的联动而传至其他国家，这也是全球情绪形成的重要原因。我国学者近年来发现投资者情绪还会显著影响股价崩盘风险（李昊洋等，2017）、资产定价（曲晓辉、黄霖华，2013）以及融资方式等（黄宏斌等，2016）。

对于非效率投资行为，大量的文献探讨了提高企业投资效率的途径，大致分为两类：第一类是提高企业信息的透明度，减少信息不对称。一方面，高质量的财务信息可以通过降低道德风险、缓解逆向选择以及有效资本市场功能三种内在机制来提高投资效率（Biddle et al.，2009；Bushman et al.，2011；周春梅，2009）；另一方面，非财务信息质量较高时，企业可以通过获取外部融资缓解投资不足（程新生，2012）。富含信息的股价通过缓和融资约束和代理冲突问题，有效地改善了企业的资本投资效率（杨继伟，2011）。第二类是提高公司治理水平，减少代理问题，限制管理者的投机行为。良好的外部治理环境和内部治理机制通过降低代理问题而提高投资效率（Richardson，2006；吕长江等，2011）。此外，花贵如等（2010）研究了投资者情绪对企业投资行为影响的经济后果，发现投资者情绪对资源配置效率具有"恶化效应"与"校正效应"的两面性，而其"总体效应"表现为资源配置效率的降低。张建勇和葛少静（2014）基于国内媒体报道，发现媒体报道尤其是正面报道数量越多，投资行为越被关注，越会导致管理层过度自信，或由于投资者情绪高涨，会增强企业的投资意愿，引发过度投资或者缓解投资不足；而负面报道对企业投资意愿的影响并不显著。

纵观前人的研究我们发现，已有研究对于社会媒体能够显著影响投资者情绪，投资者情绪对资本市场尤其是股价波动的研究已经较为成熟。同时部分文献也逐步开始研究社会舆论和投资者情绪各自对企业经营行为的影响。但是目前仍有如下不足之处：第一，现有研究还没有将媒体报道、投资者情绪、企业非效率投资三者结合的实证研究，缺少对三者逻辑链条的串联分析；第二，已有研究对于社会媒体的报道缺少细分研究，鲜有研究能够区分报道内容的性质，即是有利报道还是不利报道；第三，大多数研究对于投资者情绪指标的选取差异较大，没有形成合理和广泛适用的统一变量选取标准。因此本书的研究既能够弥补上述不足之处，还能够在实践中帮助企业合理利用和应对社会舆情，合理利用外部资本，完善企业资源配置效率，从而不断提升企业价值。

另外，自互联网进入 Web 2.0 时代，以社会化网络媒体为代表的互联网产品逐渐渗透入人们的生活，网络用户的交互作用得以体现，用户既是网络内容的浏览者，也是网络内容的创造者。用户创造内容 UGC（User Generated Content）成为投资者获取信息的重要渠道，投资者可以通过财经博主及微信公众号关注股票市场消息及投资动向。社会化网络媒体使网民可随时随地发布、传阅内容，同时也为学者们提供了发展行为金融学的数据基础，通过从海量用户创造内容中挖掘投资者行为模式，进而对投资者行为进行全面剖析和理解，这在社会化网络媒体出现前是无法完成的任务。

基于上述思考，本书通过中介效应检验方法系统考察了社会化网络媒体态度、投资者情绪和非效率投资三者之间的关系。从非完全有效市场的角度出发，社会化网络媒体通过投资者情绪对证券定价产生系统性影响，研究发现：第一，社会化网络媒体正面报道与企业投资过度正相关，与投资不足负相关；第二，社会化网络媒体负面报道与企业投资过度负相关，与投资不足正相关；第三，社会化网络媒体态度与非效率投资的影响中介在一定程度上是投资者情绪，一方面是正面报道使投资者情绪过度乐观，另一方面是负面报道使投资者情绪过度悲观，相应地导致股票、债券价格被高估或低估。投资者情绪的过度乐观或悲观直接影响企业的筹资效率与筹资成本，进而通过融资渠道影响企业的非效率投资行为。

第二节　研究意义

一、理论意义

新浪微博创立于 2009 年 8 月，2010 年底用户突破 5000 万，截至目前能为基于社会化网络媒体 UGC 的实证研究提供八年的高质量面板数据。通过对社会媒体的数据挖掘，使得通过经验证据考察人类行为、心理对金融学及财务学的影响成为可能。然而受制于自动化数据采集程序和自然语言量化的编程过于困难，现有文献中基于社会化网络媒体的财务学研究并不多见。

本书将计算机编程作为财务学研究的工具，利用网络爬虫技术在社会化网络媒体（新浪微博）上采集微博正文，通过 Python 机器学习、SnowNLP 文本情感挖掘的方法刻画媒体态度变量，基于行为金融学、传播学等进行交叉研究。本书研究的理论意义主要在于：第一，媒体关注话题的现有文献主要研究媒体关注度（媒体报道数量）对公司财务、公司治理、资本市场的影响，而忽视了媒体态度（媒体报道内容）。本书的研究可以弥补财务学中媒体关注话题现有文献的不足；第二，本书的研究可以在社会化网络媒体上为行为金融学——市场非完全有效及投资者有限理性找到更多证据。

二、实践意义

近年我国股票市场迅速发展，但与西方发达国家的成熟市场相比，我国股票市场成立时间短，面临着上市公司信息透明度较低、股价同步性较高以及市场有效性较差等问题。以个人投资者为主体的中国股票市场具有较强的心理特征，羊群效应、过度反应及投机现象屡见不鲜，这对金融市场平稳发展、金融资产价值评估以及投资效率产生较大的不利影响。

通过社会化网络媒体的 UGC 数据进行心理学、传播学和财务学的交叉研究，本书对于全面认识社会化网络媒体在我国资本市场中的作用，以及了解社会化网络媒体作为非正式外部机制对企业投资行为的影响具有重要的实践意义。

第三节　研究内容

本书主要研究的核心是对社会媒体、投资者情绪以及企业非效率投资三者之间的关系和作用机制。具体而言：

社会媒体指互联网上基于用户关系的内容生产与交换平台。社会媒体是人们彼此之间用来分享意见、见解、经验和观点的工具和平台，现阶段主要包括社交网站、微博、微信、博客、论坛、播客等等。社会媒体在互联网的沃土上蓬勃发展，爆发出令人眩目的能量，其传播的信息已成为人们浏览互联网的重要内容，不仅制造了人们社交生活中争相讨论的一个又一个热门话题，还吸引传统媒体争相跟进。

投资者情绪是心理学与金融学的交叉范畴，是非完全有效市场和投资者有限理性背景下产生的财务学、金融学概念。基于已有研究的归纳，本书认为投资者情绪是投资者整体基于自身对各种信息的感知形成的一种情绪，这种情绪包含了投资者对未来预期的系统性偏差，它是市场走势中的基本面和其他理性成分无法解释的部分，具体而言是指投资者对资产未来收益的过度乐观或悲观。

企业的非效率投资主要有两种表现形式：投资不足与投资过度。投资不足是指当企业在选择投资项目时会放弃一些净现值大于零的投资项目，这将会降低企业的盈利能力，并使企业的市场价值受到冲击。过度投资是指企业选择投资的项目中包括一些净现值小于零的项目。

本书选取广泛使用、公开性强的新浪微博作为社会媒体数据来源，通过网络爬虫采集具有影响力的财经媒体发布的信息，将其分为正面报道和负面报道，考察其与投资者情绪和企业非效率投资之间的关系。

第四节　主要框架

本书的第一章是总论，介绍了本书的研究背景、研究意义、研究内容以及基本框架。

第二章是理论综述，对投资效率的概念、度量方法、研究现状进行了回顾。同时对媒体关注与资本市场、投资者情绪等领域的现有研究进行了回顾，为后续的实证检验奠定了理论及文献基础。

第三章是社会网络媒体态度对投资效率影响研究，以我国 A 股上市公司为样本，通过网络爬虫程序在新浪微博采集具有影响力的财经类媒体发布的微博，分别考察了社会化网络媒体正面报道和负面报道对企业非效率投资的影响。

第四章是投资者情绪对投资效率影响研究，以换手率作为投资者情绪的代理变量，通过实证研究的方法考察了过度乐观及过度悲观的投资者情绪对企业投资过度与投资不足两种非效率投资的影响。

第五章是投资者情绪在媒体态度与投资效率间的中介作用，通过实证研究的方法系统考察了社会化网络媒体态度、投资者情绪与企业非效率投资三者之间的关系，检验了投资者情绪在媒体态度与企业投资过度、投资不足间的中介作用。

第六章是社会网络媒体、投资者情绪与股价崩盘，从市场反应的角度，实证研究了投资者情绪在社会网络媒体与股价暴跌之间的中介作用。

第七章是本书的研究结论以及对企业和政府的建议。

第二章

理论综述

第一节 投资效率研究的理论综述

一、投资效率的概念

企业的投资效率问题一直以来就受到学者们的普遍关注，因为投资效率问题在实践中与企业的发展关系十分密切。投资效率与公司的实际投资决策与最优化投资决策之间的偏离程度有关。最优投资决策指的是，企业将全部资金用于投资会带来利润的项目，完全避免对于会对企业造成损失的项目的投资。在一个并不是完全有效的资本市场中，代理问题以及信息不对称问题普遍存在，企业可能选择净现值为负值的投资项目，也可能放弃对净现值为正的项目的投资，这样的情形分别被定义为过度投资和投资不足。

Jorgenson（1963）认为，为实现利益最大化，企业选择资本边际收益等于边际成本的投资水平，当边际成本等于边际收益时，企业达到最优投资水平的决策点；当边际收益高于边际成本时，说明企业投资不足；当边际收益低于边际成本时，说明企业已经投资过度。

根据 Modigliani 和 Miller（1958）的研究，公司的投资是由投资机会所驱动的。投资机会可以用 Tobin Q 来度量（Tobin，1969）。Tobin（1969）认为，企业选择的投资水平取决于企业资产的市场价值与重置成本，只要当市场价值高于重置成本，即 Q 大于 1 时，企业就应当选择增加投资；而当企业的市场价值低于重置成本，即 Q 小于 1 时，企业应当选择减少投资。

在实际生活中，由于资本市场的不完善，信息不对称问题和代理问题使企业的投资偏离最优水平（Chen et al.，2007；Jiang et al.，2012；McLean et al.，2012；Stein，2003）。根据信息不对称模型，经理人和投资者之间的信息不对称导致投资不足（Myers and Majluf，

1984）。当经理人拥有内幕消息，判断公司发行的证券价值被高估时，会倾向于发行证券。投资者理解经理人的动机，因此会做出压低证券价格的措施。所以当面对好的投资机会时，经理人不想发行新的证券进行外部融资，从而导致公司的投资不足问题。

信息不对称模型假设经理人以股东价值最大化为经营目标，代理模型的假设与之相反，它认为经理人的目标与股东的目标并不一致，从而导致投资不足的问题。例如，Jensen（1986）认为经理人建设公司帝国的动机导致有大量自由现金流的公司进行过度投资。之后的实证研究也证实了 Jensen 的观点（Harford，1999；Richardson，2006）。

对于"投资效率"，国内许多学者对其作出了一些定义。王成秋（2006）从所费与所得的配比切入，把投资效率设定为企业投资所取得的有效成果与所消耗或占用的投入额之间的比率；牟小丽和杨孝安（2012）从定性的角度认为投资效率是由企业投融资活动形成的资源配置状态，而委托代理问题和信息不对称问题导致企业非效率投资。我们认为公司投资效率可以用非效率投资加以度量，具体表现为投资不足以及投资过度两个方面。两者所代表的含义不同，前者是指公司的实际投资超过了其合理的投资水平，导致公司资源的不合理配置，造成资源的浪费；后者则指未有效利用公司资源，错失优质投资机会。这两种行为都会使与公司的利益相关者遭到巨大损失，即是非效率的。在这些研究中，我们发现了由于经理层以及管理层的矛盾以及内部外部信息的不对称导致了投资效率的低下。

二、投资效率的测度

关于投资效率的测度问题，来进一步研究投资效率的影响因素，国内外学者也进行了一系列探索，思路一般是先研究企业的总体投资规模，再运用相应的模型估计其中的非效率投资额。

Richardson（2006）认为，投资变量的定义为"资本支出+研发支出+并购−固定资产出售"，但未考虑资本支出、研发和资产收购、出售的影响。Richardrson 模型最终得到许多学者的采纳。Han 和 Zhang

（2016）对 Richardson 模型进行了修正，他们引入货币政策因素，并分析其对企业最优投资水平的影响。在这一基础上衍生出了较多的非效率投资额的估计计量模型方法，大致分为两类，一是投资—现金流敏感性模型，主要基于信息不对称理论；二是投资水平—投资机会敏感性模型，主要基于代理成本理论。

Titman 等（2009）以及 Cherkasova 和 Zakhorova（2016）使用企业过去三年到五年的平均投资水平作为最优投资水平。如果企业当年的投资水平与过去三年的投资水平一致，代表企业以最优水平进行投资。学者们还发现了异常的投资水平与股票回报之间的负相关关系。

Biddle 等（2009）以企业前一年的销售增长率作为解释变量，当年的投资水平作为被解释变量构建回归模型，非效率投资的部分由模型的残差来表示。

国内的研究学者大多运用经典模型加以研究，基于具体的某一个角度进行分析，还没有较为成熟的理论估计模型，但张功富（2009）提出了度量非效率投资的新模型，并且对我国上市公司的非效率投资进行了研究。也涌现出很多的研究成果，张祥建和徐晋（2005）利用 FHP 模型检验了上市公司配股与投资效率的关系，发现上市公司配股后投资效率普遍较低，说明上市公司配股资金可能被大股东侵占。方红星（2013）借鉴 Richardson 提出的模型度量了我国上市公司的非效率投资，发现公司治理、内部控制能够有效抑制非效率投资。

三、投资效率的影响因素

以往的研究表明，公司的股权结构、资本结构、产品市场竞争、股利政策等因素都会对企业的投资效率造成影响。近几年，国外的学者进一步加深了对投资效率影响因素的研究。Hovakimian 和 Gayane（2010）的研究显示，当经济衰退时，企业集团外部融资成本较高，就会更加有效地在内部资本市场进行资金的调度，紧缩的自由现金流提升了经理人的投资效率。Mohammed 和 Mohammad（2016）发现，社会责任履行度高的公司非效率投资的水平较低，从而可以获得高的投资效率。Eisdorfer 等（2012）研究了公司的杠杆率与高管激励的性质和投资效率之间的关系，发现：高管薪酬部分中负债性质的成分越高，越易导致公司投资不足；而股权性质的部分越高，越易导致公司进行过度投资。Beatriz（2015）发现财务报告数字越稳健的公司投资效率越高。Schibalskih（2009）研究发现审计师稳健性与公司投资效率之间的关系，公司非效率投资的性质取决于审计师的鉴证。Cuttilas（2013）研究发现，财务报告质量可以缓解过度投资的问题。公司债务的期限结构越短，公司的投资效率就越高。

现有对于公司投资效率的研究主要从政府干预、公司治理、公司负债、现金股利、投资环境、管理者特征等方面对于投资效率的影响加以研究。由于本书研究的是社会网络媒体、投资者情绪和非效率投资之间的关系，我们比较侧重于投资环境对于企业非效率投资的研究，现有文献中对投资环境对于投资效率影响的研究有：万良勇（2013）研究法制环境对公司投资效率的影响，发现在法制水平较高的地区，上市公司投资不足的程度更低，并且更少地进行过度投资；王义中（2014）研究了宏观经济不确定性对公司投资行为的影响，发现宏观经济不确定性程度越高会减弱外部需求、流动性资金需求和长期资金需求对公司投资的正向促进作用；杨畅等（2014）研究契约环境是否对公司投资行为产生影响，发现良好的契约环境会加速推动企业进行长期投资，促进企业通过债务融资扩大投资规模。

同时，在现有文献的研读中，我们发现国内大多数文章研究的是投资者情绪在某一调节变量的作用下对于投资效率的影响，并没有进一步探索投资者情绪的来源，从而从根源上对于非效率投资加以系统阐释。比如，罗琦和张标（2013）在管理者理性而投资者非理性的分析框架下，研究投资者情绪对企业非效率投资的影响以及该影响因控股股东特性不同而表现出的差异性。罗斌元（2017）指出投资者情绪与企业投资过度正相关，与投资不足负相关；企业内部控制质量越高，其投资效率不易受到投资者情绪的干扰，即高质量的内部控制能够减弱投资者情绪与企业投资过度之间的正相关关系。但是，并没有研究投资者情绪的具体来源的深入探讨，而本书则是从社会网络媒体这一具体角度出发，探求投资者情绪形成的内在根源，挖掘社会网络媒体对于投资者情绪的影响，从投资者产生"乐观"或者"悲观"情绪这一个传导链出发，进而研究其对于投资效率（用"非效率投资"加以衡量）的影响，弥补了学术上对于投资效率具体来源性问题上空白。

李静等（2016）认为现有理论对于投资效率的研究主要集中于投资效率的决定因素方面，讨论哪些因素影响企业的投资效率，而对于无效投资的经济后果却讨论较少。本书可以在企业面临投资者情绪所带来的非效率投资的情况下，如何矫正股票市场对于企业的正确定位，合理利用社会舆情和外部资本，完善企业的资源配置效率，来不断提升企业价值，弥补了理论研究中的一些空白。

第二节　媒体关注与资本市场

社会化网络媒体提供给投资者搜索和发布信息，以及投资者之间相互交流的空间，投资者能够主动地获取信息。程琬芸和林杰（2013）认为社交媒体能够作为信息来源，辅助投资者进行投资决策，投资者参与社交媒体的互动，不仅能够影响自身的投资决策，还能够影响他人的投资决策，借助社会化网络媒体工具进行投资信息的交流，能够提高投资决策的有效性。孙鲲鹏和肖星（2018）选取在股吧中发表意见的投资者数来度量社交媒体的活跃度，实证分析的结果表明社交媒体的活跃程度和股价同步性之间呈显著负相关，社交媒体的活跃程度能够在一定程度上降低股价同步性，并且这种降低作用随着社会化网络媒体报道数量的增加有所增强，从而提高资产定价效率。Joseph 和 Christopher（2011）发现媒体报道会引导投资者的交易行为及影响价格和资源配置，Werner 和 Murray（2004）的研究中也表明媒体言论呈现出同交易量和股价波动性预测的一致性，他们推翻了媒体言论是交易噪声的研究假设。施荣盛（2012）选取财经互动社区超额发帖量为一个新颖变量，作为衡量社会化网络媒体背景下投资者关注的变量，实证表明股价随着超额发帖量的增加，其立即反应程度有所增强，而且投资者对社会化网络媒体社区的参与度和关注度同股票的交易数量呈显著正相关。

还有一些学者认为社会化网络媒体丰富了投资者获取信息的渠道，投资者能够作为信息的发布方对发布的信息发表意见，媒介作用创造了投资者意见环境，可能会出现噪声，影响资本市场的定价效率。游家兴和吴静（2012）基于传播学"沉默的螺旋"理论，通过实证检验发现媒体情绪对金融市场发展存在负面效应：第一，媒体情绪过于高涨或低落可推动股票价格偏离基本价值；第二，当公司透明度较低时，媒体情绪对资产误定价的影响更显著，这是因为公司信息环境较差时，投资者更加依赖社会舆论、媒体报道以及小道消息；第三，媒体报道对资产误定价的影响具有不对称性，乐观的媒体情绪更容易推动股价正向偏离内在价值。Miller（1977）早期从行为金融学的研究中发现媒体会影响投资者的心理认知，从而引导投资决策，正面积极的媒体报道渲染非理性的投资者情绪，乐观的投资者涌入交易市场，股票价格更多地传递了乐观信号而被高估。Paul（2007）则从负面媒体内容入手，媒体负面报道造成投资者产生消极情绪和风险厌恶，使股价具有下行压力，并且会暂时出现高的市场交易量，但是模型的建立基于交易成本为零的假设，如果考虑交易成本，市场可能对媒体内容所反映的信息不会做出有效反应。Takeda 和 Yamazaki（2006）通过事件研究法考察了电视节目对上市公司股票价格的影响，研究发现电视节目会显著影响股票价格；当电视节目涉及产品开发和市场营销时，节目对股票价格的影响更显著；收看节目的人越多，节目对股票异常收益的影响更大。

社会化网络背景下，一方面给个人投资者提供了信息平台，另一方面给公司创造了潜在的能够吸引投资的机会，公司借助社会化网络媒体能够和更多的利益相关者相联系（Eileen and Rebecca，2011）。张建勇等（2014）分析了媒体报道数量与企业投资行为之间的关系，研究结果表明媒体报道数量的增加会影响投资者情绪，特别是正面媒体报道会使投资者情绪乐观，公司股价上涨，缓解了企业融资的压力，企业的管理者可能会产生过度自信的情绪，进而出现管理者过度投资行为。媒体报道数量与企业投资不足之间呈负相关，媒体报道数量的增加会缓解投资不足问题。社会化网络媒体已经成为社会和生活中不可或缺的一个组成部分，媒体不仅作为承担信息载体的辅助工具，也是影响资本市场定价和投资者情绪的重要因素。汪昌云和武佳薇（2015）将媒体语气选取为投资者情绪的代理变量，实证研究表明正面媒体语气和 IPO 溢价率之间显著正相关，负面媒体语气和 IPO 溢价率之间显著负相关，实证结果发现发行公司和承销商具有通过媒体推介 IPO 公司来吸引投资者的动机，进一步煽动投资者情绪发生变化，产生非理性投资行为。

第三节　投资者情绪研究的文献综述

一、投资者情绪的含义

行为金融学认为投资者并不是完全理性的，基于这个假设可以进一步衍生出投资者情绪这一概念。学术界对于投资者情绪有多种角度的诠释。以 Baker 和 Wurgler（2007）为代表的部分学者认为投资者情绪是指有限理性的投资者对资产的未来现金流和对应的投资风险的错误判断。以 Zweig（1969）为代表的部分学者将投资者情绪定义为以非理性投资者对公司价值做出的偏离于真实价值的预期。以 Delong（1990）为代表的部分学者认为投资者情绪是资本市场上的一种系统性风险，或者是股票错误定价，即"股价泡沫"。因此，针对投资者情绪产生的原因，学术界有多种说法。例如薛斐（2005）认为投资者情绪是由于投资者自身认知结构的不同或者影响形成的，而岳川（2013）则认为投资者情绪是由于市场集体环境下投资群体和市场信息认知异质化之间的相互影响造成的。

二、投资者情绪与资本市场

De 和 Shleifer（1990）提出了噪音交易基本理论模型（DSSW），在该模型中存在两类交易者，即噪音交易者和理性交易者，当投资者情绪相互影响时，套利行为对资产误定价的修正作用难以发挥，因此投资者情绪是影响股票均衡价格的系统性因子。Robert 和 Wheatley（1998）以封闭式基金折价、散户销售与购买比以及共同基金净赎回作为情绪代理变量，通过实证检验发现封闭式基金折价和共同基金净赎回对规模溢价以及大、小市值企业之间的回报差异具有预测能力。但散户销售与购买比对股票收益不具有任何预测力。Charoenrook（2003）使用 UMich 消费者情绪指数年度变化量构造投资者情绪的代理变量，考察了投资者情绪对股票收益的影响。研究发现投资者情绪的变化量可以预测月度及年度的股票市场超额收益，并且投资者情绪对超额收益的预测能力不受实际 GDP 增长率与消费增长率等反映宏观经济周期的变量影响。Brown 和 Cliff（2004，2005）通过研究发现，情绪与近期市场收益具有相关关系，但无法预测短期未来的市场收益；就长期而言，投资者情绪与资产误定价具有正相关关系，并对股票市场的长期收益具有预测能力，投资者情绪对于资产价格偏离内在价值的市场异象具有一定解释力。Burghardt 等（2008）以欧洲权证交易所（European Warrant Exchange）的银行权证交易数据为基础计算投资者情绪指数，研究发现投资者情绪是股权定价的重要影响因素，其与市场收益负相关，并且可以预测未来的股票价格。此外，他们还通过个股日情绪指数对德国 DAX 指数成分股按情绪值高、中、低进行分组，发现低情绪值的股票组合具有更高的超额收益。

王美今和孙建军（2004）基于我国股票市场的经验数据进行实证检验，研究发现我国投资者情绪也是形象股票均衡价格的系统性因子，此外，我国投资者情绪存在反向修正市场收益波动的现象，并通过风险奖励影响市场收益，我国沪深两市均未达到弱式有效。蒋玉梅和王明照（2010）指出投资者情绪对股票收益具有系统性影响，并且情绪与短期市场收益正相关，与长期市场收益负相关，这是因为短期上投资者情绪的高涨会推动股票价格偏离内在价值，而中长期上，投资者情绪对股票误定价的影响会被市场修正，因此投资者情绪对短期收益产生正面影响而对中长期收益产生负面影响。此外，有形资产率、波动率、股息率、价格、市盈率、市净率、户均持股比低的股票和资产负债率高的股票更易受到情绪影响。卢闯和李志华（2011）利用我国的定向增发事件考察了投资者情绪对定向增发折价的影响。研究发现投资者情绪通过资产误定价中介对定向增发折价程度产生显著影响。具体而言，投资者情绪越乐观，则折价程度越大，而悲观的投资者情绪则伴随着程度更小的定向增发折价。宋顺林和唐斯圆（2016）通过实证检验考察了投资者情绪对IPO定价的影响，研究表明当投资者情绪较于乐观会导致机构投资者高估公司价值，因此会显著提高询价阶段的机构投资者报价。此外，投资者情绪与IPO溢价显著负相关，与IPO溢价及首日回报率显著正相关，这些证据均表明投资者情绪在IPO定价阶段推高了股票价格。张静等（2018）基于行为金融学、信息不对称和信号传递理论考察了会计稳健性、投资者情绪与资产误定价三者之间的关系，实证结果表明投资者情绪乐观会导致股价被高估，会计稳健性可以通过抑制投资者过度乐观缓解投资者情绪对股票误定价的影响。

三、投资者情绪与企业投资行为

Stein（1996）研究认为上市公司存在的投资效率低下即投资不足和投资过度的现象，主要是由于上市公司管理层和管理理念存在差异。Baker和Wurgler（2004）认为在市场非理性时期，投资者容易被市场情绪影响，从而对公司价值做出误判，此时管理层会做出迎合市场偏好的投资行为，以改变公司未来估值水平。花贵如等（2010）研究发现投资者情绪会对公司治理中的代理问题或融资约束问题导致的投资非效率产生促进或抑制的作用。花贵如等（2015）针对中国上市公司的研究发现，投资者情绪对企业资源配置效率具有"恶化效应"和"校正效应"的两面性，"总体效应"表现为资源配置效率的降低。

投资者情绪对公司投资行为的影响作用最早被发现是通过"股权融资途径"和"迎合途径"两个路径实现。"股权融资途径"是指投资者情绪通过影响公司的股权融资成本对公司投资产生间接影响，这种途径仅在有融资约束的公司被证明有效。"迎合途径"是指公司管理层在制定投资决策时存在迎合短期投资者的动机，因此这种途径下投资者情绪能直接影响公司投资，并且其有效性不受公司资金充裕与否的影响（Baker et al.，2003；Gilchrist et al.，2005；Wong et al.，2009；刘瑞、陈收，2006；郝颖、刘星，2009；吴世农、汪强，2009）。另外，花贵如等（2011）基于投资者和管理层均有限理性的假设进行研究，发现投资者情绪影响公司投资的第三条途径"管理者信心的中介效应途径'，这是指投资者情绪通过对管理层信心的影响直接对公司投资产生影响。除此之外，黄宏斌和刘志远（2013）通过对我国上市公司研究，论证了投资者情绪对企业信贷规模存在相关性，随着投资者情绪增加，企业信贷融资规模也相应增加。黄宏斌和刘志远（2014）提出并检验了投资者情绪对公司投资的第四条途径"信贷融资的部分中介效应途径"，即投资者情绪通过改变企业信贷融资规模对公司投资产生影响。

崔晓蕾等（2014）通过对中国上市公司的样本数据进行实证分析，验证了投资者情绪对公司的过度投资有显著为正的影响，同时公司自由现金流量对这一影响过程有促进作用，而公司融资约束程度对这一影响过程有抑制作用。花贵如、郑凯和刘志远（2014）从政府控制制度的角度研究了投资者情绪对公司投资的影响，研究发现对于中国上市公司，政府控制通过"管理者信心"的渠道在这一影响过程中具有减弱影响的调节作用。张路明和韦克俭（2018）通过对2007~2016年深市主板及中小板上市公司的研究发现价值型机构投资者的持股行为能够弱化投资者情绪对公司过度投资的消极影响。

四、投资者情绪的测定方法研究

Delong 等（1990）通过建立理性投资者和非理性投资者（噪音交易者）的财富效用函数，推导出 DSSW 资产价格模型。Barberis 等（1998）通过建立 BSV 资产价格模型，考察投资者对不同强度和比重的信息的反应不足或过度反应。Rabin（2001）最先将应用预期效用理论用于投资者情感变动的研究。Kahneman（2003）运用心理分析模型的方法对人的行为进行指标化研究处理，有效地刻画了市场中人的行为。Lakonish 等（1992）通过研究一定时间内基金经理对特定股票买卖行为的趋同程度测试评价了证券交易行为的羊群效应，并构建了著名的 LSV 模型。王美今和孙建军（2004）基于 DSSW 模型将噪声交易者进一步分为受情绪影响的噪声交易者和其他交易者，研究发现投资者情绪在处理信息时系统性地影响均衡价格。针对如何确定投资者情绪的有效代理变量，一些学者采用了动量指标的方法（吴世农、汪强，2009），一些学者采用了分解托宾 Q 的方法（Goyal and Yamada，2004）。

Miller（1977）认为换手率代表意见分歧，含有情绪因素。Odean（1998）认为换手率本身可以作为投资者情绪的代理变量。Baker 和 Wurgler（2006）选取封闭式基金折现率、换手率、IPO 数量、上市首日收益率、股利溢价和股票的发行比例六个指标，利用主成分分析方法建立了综合投资者情绪指数（BW 指数）来度量投资者情绪。国内学者普遍使用的是"耶鲁-CCER 中国股市投资者信心指数"和"巨潮投资者信心指数"等测定方法。王美今和孙建军（2004）选用了"央视看盘指数"和中国证券报相关的调查数据来测定投资者情绪。林百宏（2008）基于 BW 情绪指数构建逻辑，选取了 IPO 首日收益率等六个指标作为代理变量，并运用主成分分析法构造了一个综合指标来表示投资者情绪。林振兴（2011）通过对网络舆论信息分析，选择投资者关注度和投资者乐观情绪比例来反映投资者情绪。

第三章

社会网络媒体态度对投资效率影响研究

第一节　引言

一、媒体态度

随着互联网的发展，社交媒体应运而生，进而为资本市场信息的创造和传播带来了革命性的改变。资本市场的信息在社交媒体的影响下，由单方向的"生产者—传播者—使用者"的方式转变为互动型模式。社交媒体并未改变资本市场信息的产生与基本传播渠道，公司的财务报告和分析师的报告仍然是资本市场信息的基础，传统的媒体报道的作用也依然十分重要。但是，社交媒体扩大了市场信息的传播范围，并进一步增强了对资本市场信息利用的广度和深度。传统媒体上承载并传播的信息是供给型的整体性信息；而社交媒体为投资者提供了检索式、碎片型的主动阅读方式。信息供给方式的不同使投资者获得信息的成本降低、信息的使用效率也得到提高。

社交媒体使投资者能够以近乎零成本的方式及时获取企业的信息，从而进一步影响投资者对于企业的判断。因为投资者无法对公司运营、财务等方方面面的状况拥有直观的了解，社交媒体的态度是影响投资者对于企业判断的重要信息渠道。如果社交媒体对于某企业的评价比较积极，投资者可能因为社交媒体的评价看好企业未来的发展，从而倾向于将自己的资金投入该企业；如果社交媒体对于企业的评价比较消极，投资者可能因此不看好该企业的发展，从而减小或者避免对该企业的投资。因此，本章认为，社交媒体态度会通过影响投资者的判断影响对企业的融资难易程度，从而对企业的投资效率造成影响。

二、投资效率

投资效率是在资本成本的概念上提出的，什么叫作公司的资本成本呢？首先，公司从不同的渠道获得资金，从纯债务工具到纯权益工具。债务工具的债权人对借出的资金有固定金额的求偿权，权益工具的持有人没有固定的求偿权，但是拥有按预先确定的比例分享企业收益的权利以参与公司的决策。公司获得资金以后，以公司价值最大化为目标进行经营活动和投资活动，来获得资产，这些资产能为公司带来的收益是不确定的。资本成本的定义问题，吸引了三类经济学家的关注。第一类是公司金融领域的专家，他们最为关注的是公司进行融资的具体策略，以确保公司能够持续地生存和发展；第二类是关注公司资本预算状况的管理学家；第三类是致力于在微观和宏观两个层面解释投资行为的经济学家。

经济学家先假设公司投资所获得的实物资产的性质类似于债券，其产生的现金流量是可知的并且确定的。在这一假设下，经济学家认为公司的资本成本就是债券的利率，并从相同的思路出发提出第一个命题：进行理性决策的公司，会将投资水平提升到投资的边际收益等同于利息的市场利率。很显然，这一命题遵循理性投资决策的目标，包括第一类标准（实现利润最大化）和第二类标准（实现市场价值的最大化）。

根据第一类标准，如果一个实物资产能够提升公司所有者的净利润，那么这项实物资产就值得购买。但是只有在资产的期望收益率超过利率的情况下，净利润才能增加。根据第二类标准，如果一项资产能够提高所有者权益的价值，即获得资产的成本低于这项资产带来的公司市场价值的提升。但是资产带来的价值是通过将资产带来的现金流以市场利率折现计算得到的金额来衡量，所以，只有在资产带来的收益率超过市场利率的情况下，资产才能为公司带来价值。并且，为了应对不确定性的存在，经济学家在计算净现值时做出调整，常用的包括风险调整法和确定性等价法。风险调整法通过调整折现率的方式将风险考虑到公司决策中，确定性等价法通过调整现金流的方式考虑风险因素。

在公司投资理论发展的初期，人们一直认为公司的经理人以股东价值最大化为目标。在遇到净现值为正的投资机会时，经理会通过各种合理的渠道募集资金进行投资。换句话说，经理会通过融资满足公司的投资需求。然而，在现实生活中，由于信息不对称和代理成本的问题，企业存在非效率投资的问题。

国内外学者对于非效率投资的研究一直十分热衷，因此，关于非效率投资的研究成果如今已经非常丰富。学者对于非效率投资的研究，研究角度集中于非效率投资产生的原因和治理机制。非效率投资可以分为过度投资和投资不足两种，过度投资和投资不足产生的原因并不相同，相关的理论基础包括委托代理理论和信息不对称理论等。委托代理理论在现代企业制度下应运而生。代理冲突包括两类，一类是经理人与股东之间的代理冲突；另一类是股东与债权人之间的利益冲突。两类代理冲突都有可能造成企业出现投资不足和过度投资的情况。

在现代企业制度下，所有权与经营权分离，股权高度分散。股东和经理人各自的目标效用函数存在差异，激励条件并不相容。经理人在做出决策时，倾向于以满足自身利益为目标，进而对公司股东的利益造成了损害。经理人可以直接经手公司的生产经营，并且拥有做出决策的专业技能和判断；而公司股东通常并不具有经营公司、进行决策的能力和信息。经理人和股东之间的信息不对称，使经理人产生以损害股东利益为代价谋取一己私利的动机。在经理人为谋取私利，扩大投资支出，甚至投资净现值为负的项目时，公司就出现了过度投资的情况。此时，公司的投资决策与成长机会的关系会因此不显著。

股东与经理人的代理问题也可能带来投资不足的问题，如果进行投资会给经理人带来比较大的私人成本，那么经理人会倾向于缩减投资规模，放弃净现值为正的项目。

股东和债权人的目标效用函数同样存在差异，股东的目标是希望自身的财富能够实现最大化，因此他们可能青睐于回报率比较高的投资项目，进行过度投资。这些高收益的投资项目伴随着高风险。如果股东进行高风险的投资获得成功，债权人得到的收益依然按照债权契约的规定，并不会得到超额收益，而股东会因此获得较高的收益；如果股东进行的高风险的投资失败，那么公司的经营会受到极大的损害。股东只会承担有限责任，债权人可能难以获得合同规定的补偿，甚至面临收不回本金的风险。股东与债权人之间同样存在信息不对称，股东对于项目投资和经营的风险掌握得比较多。债权人在掌握信息较少的情况下，面对公司的融资需求，会增加投入本金的附加条款，这些附加条款会对公司的经营和投资决策造成一定的限制，从而形成投资不足。

与企业非效率投资相关的理论还有信息不对称理论。企业的老股东和潜在股东之间存在着信息不对称的情况，使企业内部与外部的融资成本存在差异，即外部融资成本要显著高于公司的内部融资成本。企业受到融资约束的影响，无法为净现值为正的项目筹集足够的资金，造成公司投资不足。由于公司的潜在股东无法掌握关于投资项目的风险信息，他们只能接受以平均的价格购买公司的股票，从而导致了公司进行投资决策的逆向选择问题。拥有优质投资项目的公司因为融资成本过于高昂，只能放弃想要投资的项目，导致投资不足；而投资项目比较劣质的公司因为自身的项目风险比较高，完全可以接受平均市场价格的融资成本，因此形成过度投资。这样的状况持续发展下去，优质的投资项目因为不能获得资金支持，被劣质的投资项目驱逐出市场。拥有优质投资项目的公司因为融资约束造成投资不足，拥有劣质投资项目的企业由于能够以合理的成本融资造成过度投资。融资约束的存在导致了融资有序理论的产生，学者认为企业的融资方式的选择上存在偏好，股权融资应在公司内源融资和债务融资之后进行。融资约束的问题对企业的非效率投资有很大的影响，其产生的根本原因在于企业资金的需求方与资金的攻击方目标效用函数并不一致，双方对于投资项目失败所承担的风险也并不相同。如果企业进行筹资发行价格较低的股票，会对公司老股东的利益造成损害；如果企业进行筹资发行价格较高的股票，会对潜在股东的利益造成损害，进而导致公司融资困难。因为潜在的投资者只能接受以市场平均价格购入股票，在公司投资的项目质量较低，面临的风险较高的前提下，公司能够接受平均水平的融资成本，因此高风险的项目得到了投资所需的资金，形成过度投资的后果。

第二节　理论分析与研究假设

本章认为，社交媒体的消极情绪和积极情绪会对企业的非效率投资产生影响。当社交媒体对某企业的态度呈现积极情绪时，投资者会倾向于将资金投入该企业，企业进行债券融资和股权融资的成本会降低，企业用于投资的现金会增多，公司有能力更多地将资金投入到净现值为正的项目中，企业投资不足的问题会得到抑制；然而，公司也有可能将资金投入净现值为负的项目，企业的过度投资问题会加剧。当社交媒体对某企业的态度呈现消极情绪时，投资者会减少对该企业的投资，公司的融资成本会增加，企业用于投资的现金比较紧张。在这种情况，企业可能必须放弃一些净现值为正的项目，即公司投资不足的问题会加剧；如果企业原本存在的问题是投资过度，面临融资成本提高的情况下，企业的投资行为会受到抑制，即企业过度投资的问题受到抑制。

根据前文分析，本章提出以下四条假设：

H1：社交媒体的积极态度对企业的过度投资有促进作用。

H2：社交媒体的积极态度对企业的投资不足有抑制所用。

H3：社交媒体的消极态度对企业的过度投资有抑制作用。

H4：社交媒体的消极态度对企业的投资不足有促进作用。

第三节　研究设计

一、数据来源

本章以 2011~2017 年我国 A 股上市公司的经验数据为样本，其中公司治理与财务数据来自于国泰安数据库，股票市场交易数据来自于锐思数据库，媒体关注数据通过网络爬虫采集于新浪微博。本章按照以下条件对数据进行筛选：①剔除金融行业；②剔除 ST、PT 及股票停牌的企业。此外，为消除极端值的影响，本章对所有连续变量在 1% 及 99% 分位数上进行了缩尾处理。为避免互为因果的内生性，本章采用领先—滞后法，实际样本观察期为六年，共 7217 条非平衡面板数据。

二、变量定义

1. 媒体关注度及媒体态度

借鉴尹美群等（2016）的研究，本章选择新浪微博作为社会化网络媒体的数据来源。新浪微博成立于 2009 年，截至 2018 年 6 月，活跃用户达 4.31 亿[①]。作为国内领先的社交媒体，新浪微博是个人创造、共享、传递信息的重要平台。此外，社会化网络媒体也满足了传染性、交换性、一致性、传递性的特点（谢平、邹传伟，2012），为本章提供了良好的数据基础。度量社会化网络媒体态度的具体做法是：首先依据粉丝量及影响力对新浪微博上的财经类媒体进行排名，

[①]　参见新浪微博 2018 年第二季度财报。

一方面剔除了娱乐类及受众局限性较大的地域性媒体（尹美群等，2016），另一方面影响力较大的财经媒体符合"社会两极传播模型"的理论基础，即信息源通过"意见领袖"影响受众决策（Lazarsfeld et al.，1944）。另外，在影响力排名接近 30 时，财经信息在微博总量中所占比重会发生衰减，因此本章最终确定影响力排名前 30 的财经博主为数据来源，包含机构媒体和个人自媒体[①]。其次，借鉴 Leitch 和 Sherif（2017）的方法，通过 Python 语言编写网络爬虫程序，采集的信息包括微博正文、转发数、评论数、点赞数。并由 Pandas 模块读取及初步整理数据，当 Python 在微博正文中读出上市公司名称、简称或股票名称时，保留该条数据并将相应的股票代码赋值给 Stkcd 变量。最后，结合机器学习算法及 SnowNLP[②] 文本挖掘进行微博正文的文本情感分析，依据朴素贝叶斯公式，Python 会根据文章特征计算文本属于正面情感这一类的概率。因此媒体正面报道次数 Weibo_Pos＝Ln（正面报道次数+1）、媒体负面报道次数 Weibo_Neg＝Ln（负面报道次数+1），其中，按照文本挖掘方法的经验法则，态度值大于 0.6 的微博被定义为正面报道[③]。

2. 投资效率

本章基于 Richardson（2006）的公司期望投资模型，计算公司期望的正常投资水平，并借鉴罗琦和张标（2013）的研究，以回归模型的残差作为非效率投资的代理变量。其中 $\varepsilon > 0$ 表示公司投资过度，$\varepsilon < 0$ 表示公司投资不足。为了方便理解，当 $\varepsilon < 0$ 时，本章对其取绝对

[①] 媒体名单见附录。

[②] SnowNLP 是一个处理中文自然语言的 Python 库，支持的中文自然语言操作，包括中文分词、词性标注、情感分析、文本分类、提取文本关键词、提取文本摘要、计算文本相似度等。其中，情感分析的计算机算法是朴素贝叶斯公式（Naive Bayes），对于有两个类别 Pos（正面情感）、Neg（负面情感），其特征是 k1, k2, …, kn，特征之间相互独立，则文本情感为正面的贝叶斯过程为：P（Pos｜k1, k2, …, kn）＝[P（k1, k2, …, kn｜Pos）× P（Pos）]/P（k1, k2, …, kn）。文本挖掘的 Python 实现过程见附录 B。

[③] 为保证实证研究的严谨性，本章使用已被开发者普遍接受且训练完成的官方语料库进行机器学习，并为每条微博正文计算态度值。官方语料库由 260 万字的 TXT 文件组成，关于其详细内容及 SnowNLP 的更多说明，参见官网：https://pypi.org/project/snownlp。

值来衡量公司投资不足的程度。回归模型如下：

$$\text{Inv}_{i,t} = \alpha + \beta_1 Q_{i,t-1} + \beta_2 \text{Lev}_{i,t-1} + \beta_3 \text{Cash}_{i,t-1} + \beta_4 \text{Roa}_{i,t-1} + \beta_5 \text{Age}_{i,t-1} +$$
$$\beta_6 \text{Size}_{i,t-1} + \beta_7 R_{i,t-1} + \beta_8 \text{Inv}_{i,t-1} + \varepsilon \qquad (3-1)$$

其中，$\text{Inv}_{i,t}$表示 i 公司第 t 年的投资水平，为购建固定资产、无形资产和其他长期投资所支付的现金与期初总资产的比值。$Q_{i,t-1}$、$\text{Lev}_{i,t-1}$、$\text{Cash}_{i,t-1}$、$\text{Roa}_{i,t-1}$、$\text{Age}_{i,t-1}$、$\text{Size}_{i,t-1}$、$R_{i,t-1}$、$\text{Inv}_{i,t-1}$分别是 i 公司第 t-1 期的托宾 Q、资产负债率、货币资金及短期投资占期初总资产的比例、资产净利率、上市年限、资产规模、考虑现金红利再投资的年个股回报率以及投资水平。此外，在计算非效率投资程度时，本章在回归过程中控制了行业、年度固定效应。其他变量定义如表 3-1 所示。

表 3-1　变量定义

变量符号	变量名称	变量定义
Overinv	投资过度水平	见模型（3-1）
Underinv	投资不足水平	见模型（3-1）
Weibo_Pos	正面报道次数	Ln（正面报道次数+1）
Weibo_Neg	负面报道次数	Ln（负面报道次数+1）
Sale	销售收入	销售收入/期初总资产
Cash	货币资金	（货币资金+短期投资）/期初总资产
Size	企业规模	Ln（企业总资产金额+1）
Lev	资产负债率	总负债/总资产
Roa	盈利能力	净利润/总资产
State	企业性质	国企=1，非国企=0
Top1	股权集中度	第一大股东持股比例
Seperation	两权分离率	实际控制人拥有上市公司控制权与所有权之差

三、模型设计

将从模型（3-1）得到的残差按照正负分为两组，残差为正的样本代表存在投资过度问题，残差为负的样本代表存在投资不足的问题。将两组样本分别与微博正面报道次数与微博负面报道次数进行回归，并选取若干变量作为控制变量，得到回归模型（3-2）、回归模型（3-3）、回归模型（3-4）、回归模型（3-5）。本章从公司的营运能力、公司治理、融资政策等方面着手，选取八个控制变量，分别为销售收入（Sale）、货币资金（Cash）、企业规模（Size）、资产负债率（Lev）、盈利能力（Roa）、企业性质（State）、股权集中度（Top1）、两权分离度（Seperation）。

$$Overinv_{i,t} = \alpha + \beta_1 Weibo\_Pos_{i,t-1} + \beta_2 Sale_{i,t} + \beta_3 Cash_{i,t} + \beta_4 Size_{i,t} +$$
$$\beta_5 Lev_{i,t} + \beta_6 Roa_{i,t} + \beta_7 State_{i,t} + \beta_8 Top1_{i,t} + \beta_9 Seperation_{i,t} + \varepsilon \qquad (3-2)$$

$$Overinv_{i,t} = \alpha + \beta_1 Weibo\_Neg_{i,t-1} + \beta_2 Sale_{i,t} + \beta_3 Cash_{i,t} + \beta_4 Size_{i,t} +$$
$$\beta_5 Lev_{i,t} + \beta_6 Roa_{i,t} + \beta_7 State_{i,t} + \beta_8 Top1_{i,t} + \beta_9 Seperation_{i,t} + \varepsilon \qquad (3-3)$$

$$Underinv_{i,t} = \alpha + \beta_1 Weibo\_Pos_{i,t-1} + \beta_2 Sale_{i,t} + \beta_3 Cash_{i,t} + \beta_4 Size_{i,t} +$$
$$\beta_5 Lev_{i,t} + \beta_6 Roa_{i,t} + \beta_7 State_{i,t} + \beta_8 Top1_{i,t} + \beta_9 Seperation_{i,t} + \varepsilon \qquad (3-4)$$

$$Underinv_{i,t} = \alpha + \beta_1 Weibo\_Neg_{i,t-1} + \beta_2 Sale_{i,t} + \beta_3 Cash_{i,t} + \beta_4 Size_{i,t} +$$
$$\beta_5 Lev_{i,t} + \beta_6 Roa_{i,t} + \beta_7 State_{i,t} + \beta_8 Top1_{i,t} + \beta_9 Seperation_{i,t} + \varepsilon \qquad (3-5)$$

第四节　实证检验

一、描述性统计

通过表 3-2 和表 3-3 可以看出，在 7217 个公司样本中，投资过度的样本数为 2669 个，投资不足的样本数为 4548 个，大约 2/3 的公司存在的投资效率问题是投资不足。从程度水平上来看，投资过度样本的最大值为 0.224，均值为 0.048；投资不足样本的最大值为 0.102，均值为 0.036。代表存在投资过度问题的公司样本在程度上存在比较大的差异。通过进一步比较正面报道次数和负面报道次数，可以发现，在投资过度的样本中，正面报道次数的均值为 0.904，要高于负面报道次数的均值 0.827；在投资不足的样本中，负面报道次数的均值为 0.832，要显著高于正面报道次数的均值 0.480。对于所有的控制变量的描述性统计结果，包括销售收入、货币资金、企业规模、资产负债率、盈利能力、企业性质、股权集中度、两权分离率，发现过度投资的公司样本和投资不足的公司样本在均值、中位数、标准差、最大值和最小值均不存在明显的差异。

表 3-2　描述性统计——投资过度

变量	观测值	均值	中位数	标准差	最小值	最大值
Overinv	2669	0.048	0.029	0.052	5.03×10^{-6}	0.224
Weibo_Pos	2669	0.904	0.693	0.854	0	3.466
Weibo_Neg	2669	0.827	0.693	0.822	0	3.611
Sale	2669	0.742	0.606	0.548	0.083	3.040
Cash	2669	0.191	0.148	0.147	0.019	0.825
Size	2669	22.855	22.686	1.393	20.204	26.240
Lev	2669	0.477	0.484	0.201	0.058	0.883
Roa	2669	0.066	0.067	0.087	-0.403	0.300
State	2669	0.443	0	0.497	0	1
Top1	2669	0.585	0.589	0.151	0.240	0.903
Seperation	2669	0.049	0	0.078	0	0.291

表 3-3　描述性统计——投资不足

变量	观测值	均值	中位数	标准差	最小值	最大值
Underinv	4548	0.036	0.033	0.024	9.56×10^{-6}	0.102
Weibo_Pos	4548	0.480	0.693	0.556	0	3.466
Weibo_Neg	4548	0.832	0.693	0.747	0	3.611
Sale	4548	0.681	0.554	0.497	0.082	3.040
Cash	4548	0.215	0.169	0.160	0.019	0.825
Size	4548	22.208	22.094	1.124	20.204	26.240
Lev	4548	0.425	0.413	0.206	0.058	0.883
Roa	4548	0.064	0.063	0.097	-0.403	0.300
State	4548	0.413	0	0.492	0	1
Top1	4548	0.565	0.569	0.146	0.239	0.903
Seperation	4548	0.047	0	0.075	0	0.291

二、相关性分析

1. 投资过度

本章进一步将投资过度和投资不足与自变量以及控制变量进行相关性分析。结果显示：过度投资水平与微博正面报道次数呈显著正相关，与微博负面报道次数呈显著负相关，代表媒体的正面报道会促进公司进行过度投资，而负面报道会抑制公司进行过度投资。对于过度投资水平与控制变量的关系，过度投资水平与公司的销售收入呈正相关，与公司规模呈负相关，与公司的货币资金呈正相关，与公司的资产负债率呈负相关，与公司的盈利能力呈正相关，与企业性质呈负相关，与公司的股权集中度呈正相关，与公司的股权分离度呈负相关（见表 3-4、表 3-5）。

表 3-4　相关性分析——投资过度（a）

	overinv	Weibo_Pos	Weibo_Neg	sale	size	cash	lev
Overinv	1	—	—	—	—	—	—
Weibo_Pos	0.1037*	1	—	—	—	—	—
Weibo_Neg	-0.0897*	0.1300*	1	—	—	—	—
Sale	0.1002*	0.0438	0.0557*	1	—	—	—
Size	-0.0724*	0.1461*	0.4453*	0.0284	1	—	—
Cash	0.1470*	0.0198	-0.0337	0.2399*	-0.1667*	1	—
Lev	-0.0245	0.0273	0.1685*	0.0409	0.5832*	-0.2339*	1
Roa	0.0816*	-0.0078	0.0888*	0.2015*	0.1041*	0.1576*	-0.1308*
State	-0.0856*	0.0027	0.1492*	-0.0049	0.4022*	-0.1528*	0.3391*
Top1	0.0487	0.0271	0.1996*	0.1300*	0.2700*	0.0938*	-0.0084
Top10	0.0487	0.0271	0.1996*	0.1300*	0.2700*	0.0938*	-0.0084
Seperation	-0.0512*	-0.0219	0.0048	0.0803*	0.0623*	-0.0333	0.0520*

注：* 表示 $p<0.05$，** 表示 $p<0.01$，*** 表示 $p<0.001$。

表 3-5　相关性分析——投资过度（b）

	roa	state	top1	top10	seperaton
Roa	1	—	—	—	—
State	-0.0967*	1	—	—	—
Top1	0.1440*	0.0577*	1	—	—
Top10	0.1440*	0.0577*	1.0000*	1	—
Seperation	0.0672*	-0.1085*	0.0621*	0.0621*	1

注：* 表示 $p<0.1$，** 表示 $p<0.05$，*** 表示 $p<0.01$。

2. 投资不足

通过将投资不足与其他的自变量与控制变量进行相关性分析，结果显示：

　　投资不足水平与微博正面报道次数呈显著负相关，与微博负面报道次数的关系并不显著，代表媒体的正面报道会抑制公司的投资不足水平。对于投资不足水平与控制变量的关系，投资不足水平与公司的销售收入呈正相关，与公司规模呈负相关，与公司的货币资金呈正相关，与公司的资产负债率呈负相关，与公司的盈利能力呈正相关，与企业性质呈负相关，与公司的股权集中度呈正相关，与公司的股权分离度呈负相关。这些相关性的结果与投资过度和控制变量的结果一致（见表3-6、表3-7）。

表3-6　相关性分析——投资不足（a）

	underinv	Weibo_Pos	Weibo_Neg	sale	size	cash	lev
Underinv	1	—	—	—	—	—	—
Weibo_Poss	-0.0709*	1	—	—	—	—	—
Weibo_Neg	-0.0083	-0.0716*	1	—	—	—	—
Sale	0.0307	0.0108	0.0410*	1	—	—	—
Size	-0.3495*	0.0460*	0.2849*	0.0677*	1	—	—
Cash	0.1998*	0.0102	0.0394*	0.1272*	-0.0994*	1	—
Lev	-0.1585*	-0.0056	0.0747*	0.1710*	0.4989*	-0.2993*	1
Roa	0.0667*	0.0057	0.0851*	0.1932*	0.1672*	0.2267*	-0.1338*
State	-0.1255*	-0.0021	0.0791*	0.0578*	0.3455*	-0.1234*	0.2874*
Top1	0.0042	-0.0158	0.0943*	0.0442*	0.1697*	0.1325*	-0.0952*
Top10	0.0042	-0.0158	0.0943*	0.0442*	0.1697*	0.1325*	-0.0952*
Seperation	-0.0496*	0.0115	-0.0024	0.0936*	0.0656*	-0.0604*	0.0996*

　　注：*表示 $p<0.1$，**表示 $p<0.05$，***表示 $p<0.01$。

表3-7　相关性分析——投资不足（b）

	roa	state	top1	top10	seperation
Roa	1	—	—	—	—

	roa	state	top1	top10	seperation
State	-0.0393*	1	—	—	—
Top1	0.1919*	-0.0054	1	—	—
Top10	0.1919*	-0.0054	1.0000*	1	—
Seperation	0.0144	-0.0410*	0.0661*	0.0661*	1

注：* 表示 p<0.1，** 表示 p<0.05，*** 表示 p<0.01。

三、回归分析

本章对上文列示的模型（3-2）、模型（3-3）、模型（3-4）、模型（3-5）进行多元线性回归分析，回归结果如表 3-8、表 3-9、表 3-10、表 3-11 所示。

表 3-8　回归分析——投资过度水平与微博正面报道次数

Overinv	Coef.	Std. Err.	t	P>｜t｜	［95% Conf. Interval］	
Weibo_Pos	0.007	0.001	5.630	0.000***	0.004	0.009
Sale	0.003	0.002	1.440	0.150	-0.001	0.007
Cash	0.042	0.007	5.800	0.000***	0.028	0.056
Size	-0.003	0.001	-3.110	0.002***	-0.005	-0.001
Lev	0.043	0.007	6.440	0.000***	0.030	0.056
Roa	0.048	0.012	3.910	0.000***	0.024	0.071
State	-0.009	0.002	-3.820	0.000***	-0.013	-0.004
Top1	0.019	0.007	2.770	0.006***	0.006	0.033
Seperation	-0.045	0.013	-3.580	0.000***	-0.070	-0.021

注：* 表示 p<0.1，** 表示 p<0.05，*** 表示 p<0.01。

表 3-9   回归分析——投资过度水平与微博负面报道次数

Overinv	Coef.	Std. Err.	t	P>｜t｜	[95% Conf. Interval]	
Weibo_ Neg	-0.006	0.001	-4.140	0.000***	-0.008	-0.003
Sale	0.004	0.002	1.960	0.050**	3.39E-06	0.010
Cash	0.043	0.007	5.880	0.000***	0.028	0.057
Size	-0.000	0.001	-0.410	0.681	-0.003	0.002
Lev	0.038	0.007	5.620	0.000***	0.025	0.051
Roa	0.044	0.012	3.600	0.000***	0.020	0.067
State	-0.010	0.002	-4.300	0.000***	-0.014	-0.005
Top1	0.020	0.007	2.860	0.004***	0.006	0.034
Seperation	-0.049	0.013	-3.880	0.000***	-0.074	-0.024

注：＊表示 P<0.1，＊＊表示 P<0.05，＊＊＊表示 P<0.01。

表 3-10   回归分析——投资不足水平与微博正面报道次数

Underinv	Coef.	Std. Err.	t	P>｜t｜	[95% Conf. Interval]	
Weibo_ Pos	-0.002	0.001	-2.890	0.004***	-0.003	-0.000
Sale	0.001	0.001	2.000	0.045	0.000	0.002
Cash	0.017	0.002	8.570	0.000***	0.013	0.021
Size	-0.009	0.000	-26.640	0.000***	-0.010	-0.008
Lev	0.022	0.002	11.500	0.000***	0.018	0.026
Roa	0.027	0.003	8.030	0.000***	0.020	0.033
State	-0.001	0.001	-0.800	0.424	-0.002	0.001
Top1	0.004	0.002	2.080	0.038**	0.000	0.008
Seperaion	-0.005	0.004	-1.250	0.212	-0.013	0.003

注：＊表示 p<0.1，＊＊表示 p<0.05，＊＊＊表示 p<0.01。

表3-11　回归分析——投资不足水平与微博负面报道次数

Underinv	Coef.	Std. Err.	t	P>｜t｜	[95% Conf. Interval]	
Weibo_Neg	0.002	0.000	4.760	0.000***	0.001	0.003
Sale	0.001	0.001	1.890	0.059*	−0.000	0.003
Cash	0.017	0.002	8.350	0.000***	0.013	0.021
Size	−0.009	0.000	−27.260	0.000***	−0.010	−0.009
Lev	0.023	0.002	11.770	0.000***	0.019	0.026
Roa	0.0271	0.003	8.040	0.000***	0.020	0.033
State	−0.000	0.001	−0.760	0.448	−0.002	0.001
Top1	0.004	0.002	2.030	0.042**	0.000	0.008
Seperation	−0.005	0.004	−1.220	0.221	−0.012	0.003

注：*表示 p<0.1，**表示 p<0.05，***表示 p<0.01。

1. 投资过度

（1）投资过度与积极情绪。从表3-8的回归结果可以看出，微博正面报道次数的系数为0.007，且在1%的水平下显著，验证了本章的H1，即微博正面报道次数与公司投资过度水平呈正相关。从其他的控制变量的系数来看，公司的投资过度水平与公司的现金持有量、资产负债率、盈利能力、公司的股权集中度呈正相关，公司的投资过度水平与公司规模、企业性质、两权分离度呈负相关，且相关关系均在1%的水平下显著。公司的投资过度水平与公司的销售收入呈正相关，但是相关关系并不显著。

（2）投资过度与消极情绪。从表3-9的回归结果可以看出，微博负面报道次数的系数为−0.006，且在1%的水平下显著，验证了本章的H2，即公司投资过度水平与微博负面报道次数呈负相关。从其他的控制变量的系数来看，公司的投资过度水平与公司的销售收入、现金持有量、资产负债率、盈利能力、公司的股权集中度呈正相关，公司的投资过度水平与企业性质、两权分离度呈负相关，且相关关系均在 1% 的水平下显著。公司的投资过度水平与公司规模的相关关系并不显著。

2. 投资不足

（1）投资不足与积极情绪。从表 3-10 的回归结果来看，微博的正面报道次数与公司的投资不足水平呈负相关关系，即积极情绪会抑制企业的投资不足状况。对于投资不足水平与其他控制变量的相关关系来看，公司的投资不足水平与公司的现金持有量、资产负债率、盈利能力、公司的股权集中度呈正相关，公司的投资不足水平与公司规模、企业性质、两权分离度呈负相关，且相关关系均在 1% 的水平下显著。另外，公司的投资不足水平与公司规模的相关关系并不显著。

（2）投资不足与消极情绪。从表 3-11 的回归结果来看，微博的负面报道次数与公司的投资不足水平呈负相关关系，即消极情绪会促进企业的投资不足状况。从投资不足水平与其他控制变量的相关关系来看，公司的投资不足水平与公司的现金持有量、资产负债率、盈利能力、公司的股权集中度呈正相关，在 1% 的水平上显著；公司的投资不足水平与公司的销售收入呈正相关，且在 1% 的显著水平上显著。公司的投资不足水平与公司规模、企业性质、两权分离度呈负相关，且相关关系均在 1% 的水平下显著。

四、稳健性检验

为了验证上文提出的结论，运用 Logistic 回归进行稳健性检验，当验证投资过度水平与微博正面报道、投资过度水平与微博负面报道之间的关系时，本章将投资过度的样本变量 Overinv 设为 1，将投资不足样本变量 Underinv 设为 0。反之，当验证投资不足水平与微博正面报道、投资不足水平与微博负面报道之间的关系时，本章将投资过度的样本变量 Overinv 设为 0，将投资不足样本变量 Underinv 设为 1。回归结果如表 3-12、表 3-13、表 3-14、表 3-15 所示。

1. 投资过度

（1）积极情绪与投资过度。从表3-12中可以看出，公司的投资过度水平与微博正面报道次数的系数为0.835，且在1%的水平下显著，代表社交媒体上的积极情绪会促进公司进行过度投资，而且控制变量与过度投资水平之间的相关关系正负与上文相同，稳健性检验的结果与上文多元线性回归的结果相符。

$$\text{Logit}（\text{Overinv}_{i,t}）= \alpha + \beta_1 \text{Weibo\_Pos}_{i,t-1} + \beta_2 \text{Sale}_{i,t} + \beta_3 \text{Cash}_{i,t} +$$
$$\beta_4 \text{Size}_{i,t} + \beta_5 \text{Lev}_{i,t} + \beta_6 \text{Roa}_{i,t} + \beta_7 \text{State}_{i,t} + \beta_8 \text{Top1}_{i,t} + \beta_9 \text{Seperation}_{i,t} + \varepsilon \quad （3-6）$$

表3-12　稳健性检验——投资过度水平与微博正面报道次数

Overinv	Coef.	Std. Err.	z	P>∣z∣	[95% Conf. Interval]	
Weibo_Pos	0.835	0.041	20.260	0.000***	0.754	0.915
Sale	0.248	0.058	4.260	0.000***	0.134	0.362
Cash	-0.859	0.195	-4.410	0.000***	-1.240	-0.477
Size	0.418	0.029	14.260	0.000***	0.360	0.475
Lev	-0.454	0.180	-2.530	0.012**	-0.806	-0.102
Roa	-0.594	0.311	-1.910	0.056*	-1.203	0.016
State	-0.257	0.060	-4.300	0.000***	-0.374	-0.140
Top1	0.322	0.190	1.700	0.089*	-0.049	0.694
Seperation	-0.522	0.350	-1.490	0.136	-1.208	0.164

注：* 表示 $p<0.1$，** 表示 $p<0.05$，*** 表示 $p<0.01$。

（2）消极情绪与投资过度。从表3-13中可以看出，公司的投资过度水平与微博负面报道次数的系数为-0.285，且在1%的水平下显著，代表社交媒体上的消极情绪会抑制公司进行过度投资，而且控制变量与过度投资水平之间的相关关系正负与上文相同，稳健性检验的结果与上文多元线性回归的结果相符。

$$\text{Logit}（\text{Overinv}_{i,t}）= \alpha + \beta_1 \text{Weibo\_Neg}_{i,t-1} + \beta_2 \text{Sale}_{i,t} + \beta_3 \text{Cash}_{i,t} +$$

$$\beta_4 Size_{i,t} + \beta_5 Lev_{i,t} + \beta_6 Roa_{i,t} + \beta_7 State_{i,t} + \beta_8 Top1_{i,t} + \beta_9 Seperation_{i,t} + \varepsilon \quad (3-7)$$

表 3-13　稳健性检验——投资过度水平与微博负面报道次数

Overinv	Coef.	Std. Err.	z	P>｜z｜	[95% Conf. Interval]	
Weibo_Neg	−0.285	0.036	−7.840	0.000***	−0.357	−0.214
Sale	0.293	0.058	5.210	0.000***	0.183	0.403
Cash	−0.749	0.188	−4.000	0.000***	−1.117	−0.382
Size	0.551	0.030	18.470	0.000***	0.493	0.610
Lev	−0.705	0.175	−4.040	0.000***	−1.047	−0.363
Roa	−0.812	0.302	−2.690	0.007**	−1.403	−0.220
State	−0.307	0.058	−5.280	0.000***	−0.421	−0.193
Top1	0.243	0.183	1.320	0.185	−0.117	0.603
Seperation	−0.613	0.340	−1.800	0.071*	−1.280	0.054

注：*表示 p<0.1，**表示 p<0.05，***表示 p<0.01。

2. 投资不足

（1）积极情绪与投资不足。从表 3-14 中可以看出，公司的投资不足水平与微博正面报道次数的系数为−0.835，且在 1%的水平下显著，代表社交媒体上的积极情绪会抑制公司的投资不足，而且控制变量与投资不足水平之间的相关关系正负与上文相同，稳健性检验的结果与上文多元线性回归的结果相符。

$$Logit(Underinv_{i,t}) = \alpha + \beta_1 Weibo\_Pos_{i,t-1} + \beta_2 Sale_{i,t} + \beta_3 Cash_{i,t} +$$
$$\beta_4 Size_{i,t} + \beta_5 Lev_{i,t} + \beta_6 Roa_{i,t} + \beta_7 State_{i,t} + \beta_8 Top1_{i,t} + \beta_9 Seperation_{i,t} + \varepsilon \quad (3-8)$$

表 3-14　稳健性检验——投资不足水平与微博正面报道次数

Underinv	Coef.	Std. Err.	z	P>｜z｜	[95% Conf. Interval]	
Weibo_Pos	−0.835	0.041	−20.260	0.000***	−0.915	−0.754

Underinv	Coef.	Std. Err.	z	P>∣z∣	〔95% Conf. Interval〕	
Sale	−0.248	0.058	−4.260	0.000***	−0.362	−0.134
Cash	0.859	0.195	4.410	0.000***	0.477	1.240
Size	−0.418	0.029	−14.260	0.000***	−0.475	−0.360
Lev	0.454	0.180	2.530	0.012**	0.102	0.806
Roa	0.594	0.311	1.910	0.056*	−0.016	1.203
State	0.257	0.060	4.300	0.000***	0.140	0.374
Top1	−0.322	0.190	−1.700	0.089*	−0.694	0.050
Seperation	0.522	0.350	1.490	0.136	−0.164	1.208

注：* 表示 p<0.1，** 表示 p<0.05，*** 表示 p<0.01。

（2）消极情绪与投资不足。从表 3-15 中可以看出，公司的投资不足水平与微博负面报道次数的系数为 0.285，且在 1% 的水平下显著，代表社交媒体上的消极情绪会促进公司的投资不足，而且控制变量与投资不足水平之间的相关关系正负与上文相同，稳健性检验的结果与上文多元线性回归的结果相符。

$$\text{Logit} (\text{Underinv}_{i,t}) = \alpha + \beta_1 \text{Weibo\_Neg}_{i,t-1} + \beta_2 \text{Sale}_{i,t} + \beta_3 \text{Cash}_{i,t} +$$
$$\beta_4 \text{Size}_{i,t} + \beta_5 \text{Lev}_{i,t} + \beta_6 \text{Roa}_{i,t} + \beta_7 \text{State}_{i,t} + \beta_8 \text{Top1}_{i,t} + \beta_9 \text{Seperation}_{i,t} + \varepsilon \quad (3-9)$$

表 3-15 稳健性检验——投资不足水平与微博负面报道次数

Underinv	Coef.	Std. Err.	z	P>∣z∣	〔95% Conf. Interval〕	
Weibo_Neg	0.285	0.036	7.840	0.000***	0.214	0.357
Sale	−0.293	0.056	−5.210	0.000***	−0.403	−0183
Cash	0.749	0.188	4.000	0.000***	0.332	1.117
Size	−0.551	0.030	−18.470	0.000***	−0.610	−0.493
Lev	0.705	0.175	4.040	0.000***	0.363	1.047
Roa	0.812	0.302	2.690	0.007***	0.220	1.403

Underinv	Coef.	Std. Err.	z	P>|z|	[95% Conf. Interval]	
State	0.307	0.058	5.280	0.000 ***	0.193	0.421
Top1	-0.243	0.183	-1.320	0.185	-0.603	0.117
Seperation	0.613	0.340	1.800	0.071 *	-0.054	1.280

注：* 表示 p<0.1，** 表示 p<0.05，*** 表示 p<0.01。

第五节　本章结论

本章选取的数据样本来源为 2011~2017 年的我国 A 股上市公司，在国泰安数据库查取得到公司治理数据与财务数据，在锐思数据库查取得到股票市场交易数据，通过网络爬虫技术在新浪微博搜取得到媒体关注数据。在剔除金融行业公司，ST、PT 以及股票停牌的公司，并进行缩尾处理之后，本章得到 7217 条非平衡样本数据。为避免互为因果的内生性，本章采用领先—滞后法，实际样本观察期为六年。

在因变量投资效率的选取上，本章基于 Richardson（2006）的公司期望投资模型，计算公司期望的正常投资水平，并借鉴罗琦和张标（2013）的研究，以回归模型的残差作为非效率投资的代理变量。其中 $\varepsilon>0$ 表示公司投资过度，$\varepsilon<0$ 表示公司投资不足。为了方便理解，当 $\varepsilon<0$ 时，本章对其取绝对值来衡量公司投资不足的程度。

在自变量的选取上，本章以微博正面报道次数作为社交媒体积极态度的代理变量，以微博负面报道次数作为社交媒体消极态度的代理变量。并将这两个自变量分别与投资不足的公司样本与投资过度的公司样本进行回归分析。在控制变量的选取上，本章从公司治理指标和财务指标两方面选择八个变量作为控制变量，包括公司的销售收入、货币资金、企业规模、资产负债率、盈利能力、企业性质、股权集中度、两权分离率。回归结果发现：公司的过度投资水平与微博上正面报道次数呈正相关、与微博上负面报道次数呈负相关。这代表社交媒体上的积极态度会促进企业的投资过度水平；社交媒体上的消极态度会抑制企业的投资过度水平。公司的投资不足水平与微博上正面报道次数呈负相关、与微博上负面报道次数呈正相关，这代表社交媒体上的积极态度会抑制公司的投资不足水平、社交媒体上的消极态度会促进企业的投资不足水平。

在本章的第四节，采取 Logistic 回归的方式，当检验投资过度水平与社交媒体态度之间的关系时，设投资过度的公司样本为 1，投资不足的公司样本为 0。当检验投资不足水平与社交媒体态度之间的关系时，设投资不足的公司样本为 1，投资过度的公司样本为 0。之后分别与微博上的积极态度与消极态度进行回归检验，结果验证了本章回归分析的结论。

第四章

投资者情绪对投资效率
影响研究

第一节　引言

2018 年我国政府工作报告中指出，要推进国有资本投资、运营公司改革，进一步打造市场化运作专业平台，引领带动我国供给侧结构性改革深化，推动经济高质量发展。此外，2018 年中央经济工作会议认为，当前我国经济运行的主要矛盾仍然是供给侧结构性的，应坚持深化市场化改革，使市场在资源配置中更好地发挥决定性作用。我国目前仍然存在发展不平衡不协调的问题，随着政府在资源配置过程中的作用逐渐减弱，市场与资源配置效率之间的联系越来越紧密。上市公司非效率投资问题一直是一个备受关注的话题，要解决经济发展的低质量问题，很重要的一点就是解决投资效率低下的问题。投资效率代表了一个公司的资源配置效率，与股东财富和公司可持续发展息息相关。从当前的经济政策来看，我国公司的非效率投资问题更有可能面临来自市场的影响因素，其中一个不容忽视的因素就是非理性投资者。

一直以来，个人投资者在我国的证券市场中占据绝大多数。这些投资者的行为往往受到自身教育背景、生活经历、性格偏好等因素的影响，导致我国证券市场上存在大量非理性投资的现象。在理性条件下，如果不考虑流动性需求的话，市场上的交易量理论上应当为零。但是现实的金融市场中交易量非常巨大，说明大部分的交易都不是考虑流动性的需求。股票交易过于频繁反映了投资者投机而非流动性的需求，对于我国证券市场来说尤其如此。我国证券市场上的换手率远远大于国外成熟的证券市场，说明非理性投资行为广泛存在，因此我国的证券市场具有很大的研究价值。随着行为金融学的不断发展，近年来许多学者已经开始从心理学的角度关注投资者情绪与公司金融相关的问题。

在证券市场中，人们对于短期损失经常会影响长期投资决策。对于短期损失过分看重，往往忽略了长期投资可能获得的高收益。实践研究表明，投资者面对不同的投资结果会有不同的风险偏好。当获得收益时投资者风险偏好表现为风险回避；而在遭遇损失时投资者风险偏好则表现为风险寻求。Shefrin 和 Statma（1985）指出在股票市场上投资者为避免损失带来的后悔和尴尬而回避现实损失。胡昌生（2009）对我国投资者的行为特征进行了深入的定量分析，表明我国投资者总体表现出较高程度的损失厌恶和失望厌恶心理，其投资行为带有明显的急功近利性。

情绪感染理论由勒庞（1395）在关于大众的心理研究中提出，表明群体存在从众行为，群体中的每种情绪和行为都具备传染性，最终导致群体情绪和行动的一致性。Hatfield 等（1993）在群体交互过程中，发现个体情绪容易受到他人情绪的影响。关于行为金融学的研究中，国内外学者均从心理学和行为学的角度展开分析，研究框架中投资者和管理者为《有限理性人》，基于《有限理性人》的假说，表明投资者和管理者的行为容易受到情绪、主观判断和外部不确定性的影响，相关研究表明两者之间的情绪会发生感染，投资者情绪的波动会影响管理者的投资决策和融资水平，进而影响公司的投资效率。依据情绪感染理论，投资者在股票市场上的乐观情绪会导致股票价格上涨，股价与公司内在价值之间发生背离，这种情绪会诱导管理者过度自信，从而积极地进行投资扩张（朱武祥，2003）。黄莲琴和杨露露（2011）的实证研究结果说明投资者的情绪波动会影响股票价格，股价被误定，通过资本市场的传导途径，管理者的情绪受到投资者情绪的感染，致使感染效应作用于公司的投资决策。情绪感染的作用机制中，Preston 和 Waal（2002）指出情绪的交互感染存在直接诱导的过程，当观察者对外部个体的行为和情绪产生认知反应后，观察者的情绪状态受到刺激，由此对行为产生影响。

心理学家卡尼曼和特维斯基通过实验发现，当面对同样数额的收益和损失，损失给当事人带来的负面效应是收益带来的正面效应的两倍。由于这种不平衡考量，人们在做选择的时候就会尽量避免做让自己后悔的选择，即存在后悔厌恶心理。基于这种心理，人们往往会做出很多非理性的行为。当投资者在做投资决策的时候，会产生后悔厌恶的心理。非理性的投资者为了避免对做出的失误投资决策感到后悔，很可能低估收益高估风险，从而产生悲观情绪。

在认知行为理论，金融学研究方面的学者发现人们在做投资时也存在着心理账户特征。人们在投资决策时不仅会计算当前的投资成本还会计算过去的成本，两者加总来衡量行为决策。这种心理账户其实质是一种认知幻觉，会对投资者的投资决策产生巨大影响。构造有效的资产组合是降低投资风险的重要工具。在构造资产组合的过程中，不同的投资品种之间的相关性是决定账户分配的决定性因素。但是由于投资者心理账户的影响，通常使投资者所选择的投资组合并没有分散投资风险。

投资者情绪具体体现为投资者对资产价值做出的偏离其真实价值的判断（Zweig，1969），它被广泛证实存在不同的资本市场，并对资本市场和公司金融具有影响作用。国外学者 Lee 等（2002）发现超额收益与同期投资者情绪变化相关，Brown 和 Cliff（2004）证实了投资者情绪越高，则股票收益率相对越高。Robert 等（2012）运用投资者情绪理论解释了 11 种市场异象。张维和赵帅特（2010）将投资者分为调整型投资者和反应型投资者，认为这两种不同的投资者预期方式所产生的认知偏差之间的互动作用会影响资产定价。这些研究结果表明，投资者情绪虽然来自于公司外部的资本市场，但能够对公司价值产生显著的影响。

由于现实生活中资本市场并不完善，信息不对称问题和代理问题普遍存在，企业的投资往往偏离最优水平，从而产生了企业非效率投资的现象。具体来说，非效率投资可以分为投资不足和投资过度两类情境：当企业减少投资以至于放弃净现值为正的项目投资机会时，闲置的资本没有达到其价值最大化的目的，因而被认为是投资不足；当企业增加投资并且选择净现值为负的投资项目时，对应产生的损失使资本价值下降，因而被认为是投资过度。无论是投资不足还是投资过度都会对股东价值造成损害，威胁到公司的长期可持续发展，这使非效率投资成为了公司治理研究中的一个重要话题。

　　非效率投资的产生原因有许多，大致可以分为资本结构、公司治理、管理层特征、投资环境等几个方面。方红星和金玉娜（2013）借鉴 Richardson 提出的模型度量了我国上市公司的非效率投资，发现公司治理、内部控制能够有效抑制非效率投资。李增泉（2004）、叶康涛（2007）和王化成（2015）等认为由于存在代理问题，管理层存在自利掏空、在职消费、放弃私人收益小于私人成本的投资项目、放弃需要承担项目失败风险的项目等道德风险，导致公司投资不足。刘行和叶康涛（2013）认为，信息不对称所导致的逆向选择问题，会扭曲资源配置。此时，市场难以对优质企业和劣质企业明显区分，这一方面使拥有良好投资机会的企业难以获得外部融资，造成投资不足，另一方面会使投资机会欠佳的企业获得额外的资金，导致投资过度。Eisdorfer 等（2012）研究了公司的杠杆率与高管激励的性质和投资效率之间的关系，发现：高管薪酬部分中负债性质的成分越高，越易导致公司投资不足；而股权性质的部分越高，越易导致公司进行过度投资。Hovakimian 和 Gayane（2010）的研究显示，当经济衰退时，企业集团外部融资成本较高，就会更加有效地在内部资本市场进行资金的调度，紧缩的自由现金流提升了经理人的投资效率。万良勇（2013）发现，在法制水平绞高的地区，上市公司投资不足的程度更低，并且更少地进行过度投资。王义中（2014）研究了宏观经济不确定性对公司投资行为的影响，发现宏观经济不确定性程度越高会越减弱外部需求、流动性资金需求和长期资金需求，对公司投资具有正向促进作用。杨畅等（2014）研究契约环境是否对公司投资行为产生影响，发现良好的契约环境会加速推动企业进行长期投资，促进企业通过债务融资扩大投资规模。

　　基于以上研究我们可以发现，存在大量的研究结果表明投资者情绪是市场环境中一个举足轻重的因素。尤其是在处于发展阶段的新兴市场，投资者整体水平达不到理想条件下的理性投资者标准，波动的投资者情绪对资本市场和公司金融的影响作用十分突出。非效率投资作为公司治理中的一个突出问题，其成因与公司外部因素有着密不可分的联系。因此，本章将心理学的探究拓展到公司财务行为和资本配置效率中，试图从投资者情绪这一角度出发，探究投资者情绪与公司非效率投资之间的关系。具体来说，包括分析投资者情绪对公司投资效率的作用渠道以及产生的影响，并分别探讨在投资过度和投资不足的情况下投资者情绪发挥的作用。

第二节　理论分析与研究假设

　　情绪是一个不可直接通过数据进行描述的变量。一般认为投资者情绪是投资者基于情感而产生的一种判断，这种判断根源于投资者心理或者认知上的某种偏差。行为经济学研究按主体不同，将投资者情绪划分为投资者非理性和管理者非理性两个分支，投资者非理性行为主要表现就是投资者情绪。作为行为金融学领域的一个重要概念，投资者情绪衡量投资者进行投资决策时受到非理性因素影响的程度。综合目前学术界对投资者情绪的各种主流定义，主要体现在两个关键词上：一是"预期"，即投资者情绪体现的是投资者对未来资产价格运动的某种预期；二是"偏离"，即投资者情绪是投资者对未来预期的系统性偏差。预期的偏差最终带来的是行为的偏差，因此投资者情绪最终反映在投资者交易行为非理性的变化，造成证券价格和市场运行的异常波动。

　　心理学的研究发现，乐观的情绪与"启发式"（Heuristic Processing Strategies）的处理策略相关，悲观的情绪与系统性的处理策略相关。当市场上投资者情绪高涨时，投资者会过多依赖直觉判断或者一些简单的判断规则，如盈利水平高低来进行投资；当投资者情绪低落时，投资者则会对所掌握的信息进行系统分析之后再做出投资决策。因此，投资者情绪是导致市场错误定价的重要因素。

　　投资者情绪一般具有过度自信、损失厌恶、后悔厌恶、心理账户、羊群行为等特征，而这些投资者群体普遍存在的心理特征恰恰构成了投资者情绪的主要来源。研究发现投资者情绪的产生都与投资者的心理以及其自身的风险偏好有着密切的关系。过度自信源于认知心理学的研究，它指的是人们过高估计自身能力和私人信息，低估客观因素的影响，如外部偶然因素，这种心理偏差就叫作过度自信（Over Confidence）。在现实生活中，投资者趋向于认为自己的投资决策是理性的，而认为其他交易者的决策是非理性的。然而，事实并非如此，投资者自身行为往往也存在非理性因素，这种过度自信来源于投资者对事件的错误估计。当投资者情绪过度自信时，市场中的交易量会增大。如果不考虑流动性需求的话，在完全理性预期的交易市场中交易量理论上应当为零。但是现实的金融市场中交易量非常巨大，说明大部分的交易都不是考虑流动性的需求。

社会心理学认为，我们每一个人都是一名社会成员。生活在这个社会中，我们与其他人不可避免且持续不断地产生社会互动，因此会受到其他社会成员或多或少的影响。这些影响可以划分为信息性影响和规范性影响，信息性影响是从他人获得信息来源时受到的影响，规范性影响是希望被他人喜爱和接受时受到的影响。社会影响使我们的态度和观念因为他人而改变，其中就包含了情绪受到他人影响而改变。

利昂·费斯汀格（1957）最早提出认知失调的概念，从社会心理学的角度分析个人态度和行为等认知元素的相互冲突，并且通过构建分析范式，形成认知失调理论。认知失调理论主要描述了个体面临的情况和自身行为之间的不一致性，由此产生心理层面的冲突。其中认知是指个人的态度、情绪、行为和对价值的判断等，当两个认知成分出现矛盾时，即为失调。当群体意见与个体意见出现不一致时，个体就会出现认知失调，从而在心理上感到不适。这是因为社会情绪具有一致性，人类倾向于在观点、态度、知识、价值观之间建立内在的和谐和统一，意识上的不一致使个体产生向协调转变的驱动力。

在认知失调理论中，失调的结果往往会带来心理上的不适或者产生压力，行为金融学认为管理者是有限理性的决策制定者，有限理性者往往容易受到主观判断和外界干扰，存在认知失调的情况，管理者出现认知失调时会依据投资者情绪和行为来调整自身的认知（包括态度、信息和决策制定等），而投资者的情绪、心理和生理等与投资者的交易决策之间存在相关关系。敖卿和唐元虎（2004）对认知失调理论在证券市场中的应用进行探析，研究认为认知失调是由情绪和行为之间的不一致而造成，个体容易受到他人情绪或者主观判断的影响，因而倾向于在行动中改变原有的看法。花贵如等（2011）根据费斯汀格的认知失调理论中的分析范式，探究投资者情绪如何影响管理者信心，研究中将投资者情绪和管理者乐观主义分别作为两种认知成分。对于企业而言，投资者情绪代表资本市场中的外部认知，是外界对于企业未来收益和风险的主观判断，管理者乐观则代表企业自身对于未来收益和风险的认知。研究发现，投资者情绪对管理者乐观主义具有正向影响，投资者情绪的高涨能够激发管理者的乐观主义行为，引发更加激进的投资决策。John 等（2018）根据心理学和生理学的作用机理，研究投资决策和财务行为的偏误，投资者在股票市场获得盈利时，投资者乐观情绪高涨进而带动股价的上升，股价上涨时，投资者更加乐观，其风险承担能力增强，形成一个循环体系，即投资者交易成功，乐观的投资者会买入更多的股票，其风险承担能力和对未来预期收益的信心进一步提升。当投资者情绪高涨，股票交易量不断增加时，公司能够获得更多的融资，同时这种乐观的情绪会传导给公司的管理者，最终影响管理者的投资决策。因此，基于认知失调理论，投资者情绪通过增加股票的交易量促进了公司融资，进而对公司管理层的情绪产生影响。

不仅个体与群体之间的情绪影响存在一致性，个体的态度与观念对其自身行为的影响同样存在一致性。当个体处于积极情绪状态时，更多倾向于肯定判断，并产生更多的积极联想，解决问题时更加富有创造性；当个体处于消极情绪状态时，对目标判断则更多倾向于否定，产生的联想多为悲观的，解决问题时也更加保守。积极的管理层情绪将诱发管理层对投资项目做出乐观判断，高估投资回报、低估投资风险，并高估企业未来业绩和现金流，从而提高投资水平；而消极的管理层情绪则使管理层做出相反的决策行为，导致公司投资水平下降。

另外，蒋多等（2013）还从心理机制方面研究资本市场的相关投资决策，主要从投资者认知的角度分析投资者持有股票的行为，发现投资者在股价上涨时会因为做出正确的决策而情绪高涨，增加股票持有量，此时认知表现为一致；而在股价下跌时，投资者出现认知失调，为了避免承担失调的结果，投资者通过自我辩解的方式坚持自己失败的投资决策，选择继续持有股票。投资者股票的持有能够一定程度上缓解公司融资约束，对公司的投资决策提供资金来源，进而能够促进公司的投资水平上升。

非效率投资可以被分为投资过度与投资不足。投资过度产生的主要原因在于存在管理层帝国主义，许多管理层都希望从控制的股东财富中攫取更多私人利益，因此不顾及投资风险而一味追求扩大投资规模。类似地，这种管理层与股东之间的代理冲突也有可能导致投资不足。对于一些新的投资项目，管理层需要投入大量的私人成本，如承担更大的监管责任、学习新的知识、调整人事安排等，以提高投资项目的盈利。当投资项目对管理层的私人成本要求过高时，管理层很可能为了避免压力和挑战而放弃投资，即使投资项目的净现值为正。造成企业投资不足的另一个原因是融资约束。由于外部投资者和公司管理层之间信息不对称，以及交易成本的存在，企业内外部融资成本的差异较大。当企业无法支付过高的外部融资成本时，融资渠道缩小，投资决策受制于有限的内部资金，从而产生了融资约束现象。融资约束导致企业严重依赖内部现金流，如果企业经营情况出现恶化，内部现金流紧张，则可能使管理层不得不放弃一些净现值为正的投资项目。

从目前的研究结果来看，投资者情绪已被证实通过四条途径对非效率投资产生影响：第一条是"股权融资途径"。Baker 等（2003）发现投资者情绪的波动会对企业股权融资的数量和成本造成影响，从而使企业投资行为发生改变。第二条是"迎合途径"。Polk 和 Sapienza（2009）发现公司管理层存在利用投资安排去迎合投资者情绪的现象，因此导致企业投资会随着投资者情绪波动而产生变化。第三条是花贵如和刘志远等（2011）发现的"管理者乐观主义的中介效应途径"。基于管理者有限理性的假设，投资者情绪能直接影响管理者信心，从而使管理者改变投资决策。第四条是"信贷融资的部分中介效应途径"。黄宏斌和刘志远（2014）发现随着投资者情绪上涨，公司信贷融资规模也相应增加，因此影响公司投资行为。

基于上述路径分析，可以推导出投资者情绪影响非效率投资的以下逻辑关系。高涨的投资者情绪表明投资者普遍持乐观态度，对公司的未来预期评价良好。从公司融资角度出发，投资者的乐观一方面导致公司的股票价格被高估，提升了公司的市场价值，有利于企业降低股权融资成本，并扩大融资规模，使企业更容易获得资金，从而加大投资力度；另一方面股价被高估的企业的贷款抵押物价值增加，银行预期其还款更快，贷款的风险减少，因此企业的信贷融资成本降低，能从银行获得更多的信用贷款，其信贷规模也变大，资金更充裕，从而提高投资水平。市场择时理论认为，投资者情绪会影响股票发行的最佳时机，投资者情绪高涨时，股价被高估，因此公司在这个时期能够以较低的融资成本进行股权融资。根据权衡理论，当权益融资上升，债务融资的容量也随之扩充（Baker，2003），由于财务杠杆下降，择机上市成功的公司在股票发行后会增加负债，以维持最优的目标资本结构（苏冬蔚、曾海舰，2009）。从公司治理角度出发，根据情绪一致性效应等社会心理学理论，管理层自信水平随着投资者情绪提高，会对投资风险与回报做出更乐观的预测，即低估风险、高估回报；与此同时，为了维持和推高短期股价，管理层具有迎合投资者投机利益的动机，为了使股价产生泡沫，管理层往往会提高投资泡沫水平。

也就是说，公司投资水平会在高涨的投资者情绪下被提高。若企业由于代理问题、信息不对称问题等已经存在过度投资行为，则高涨的投资者情绪会使投资水平变得更高，从而使过度投资程度加剧。若企业由于融资约束等问题已经存在投资不足行为，则高涨的投资者情绪会为企业带来更多资金，缓解融资约束问题，从而降低投资不足程度。

基于以上分析，提出如下假设：

H1：投资者情绪对公司过度投资具有促进作用。

H2：投资者情绪对公司投资不足具有抑制作用。

第三节　研究设计

一、数据来源

本章以 2011~2017 年我国 A 股上市公司的经验数据为样本，其中公司治理与财务数据来自于国泰安数据库，股票市场交易数据来自于锐思数据库，媒体关注数据通过网络爬虫采集于新浪微博。本章按照以下条件对数据进行筛选：①剔除金融行业；②剔除 ST、PT 及股票停牌的企业。此外，为消除极端值的影响，本章对所有连续变量在 1% 及 99% 分位数上进行了缩尾处理。为避免互为因果的内生性，本章采用领先—滞后法，实际样本观察期为六年，共 7217 条非平衡面板数据。

二、变量定义

1. 投资者情绪

已有研究衡量投资者情绪的方法主要有两类：直接度量和间接度量。向投资者发放问卷、采访投资者等调查方法，可以较为直接准确地获取投资者的事前情绪信息，但是信息采集需要耗费大量精力和时间等各项成本，调查样本的选择也容易出现偏差，而仅有的相对权威的调查指标"央视看盘"与"巨潮投资者信心指数"在时间上缺乏连续性，无法采用。另外，直接指标也无法精确刻画投资者在不同股票上所表现出的情绪差异。间接指标比直接指标更容易获取，成本较低，主要通过市场表现度量投资者的事后情绪，比如用市场成交量、换手率、市场收益率、市场上的上涨家数与下跌家数的比值、封闭式基金折价等单一指标衡量，或者综合以上指标利用主成分分析法构建情绪指数衡量。

虽然主成分分析法是一个比较好的构建市场情绪的方法，但是应用于构建不同类型投资者的情绪时就有很大的局限性。首先，综合指标中包含的噪声信息较多。其次，市场综合指标衡量的是市场情绪，无法衡量个股情绪。此外，能将投资者类型区分开的市场指标很少，而这也是国内外学者对区分投资者类型的研究均从单一指标着手的一个主要原因。中国证券市场起步较晚且规模较小，与发达国家比较成熟的股票市场相比还有一定的差距。换手率的大小很大程度上反映着市场是否活跃，当换手率比较高时，在很大程度上投资者偏向于积极交易，市场活跃；当换手率比较低时，投资者偏向于谨慎观望，市场较为不活跃。换手率一直以来均被国内外学者作为衡量投资者情绪的一个有效指标。换手率在一定程度上反映了市场的流动性，市场成交量及换手率反映对股票二级市场场内投资者的具体活跃程度，是市场流动性的典型代理指标。换手率一定程度上等于市场上投资者的参与程度，即使市场内存在大量资金，但换手率不高，市场同样是不活跃的。若投资者对市场充满信心，那投资者情绪必然很高，肯定会积极参与市场交易。因此，本章采用换手率作为投资者情绪的代理变量。

2. 投资效率

本章基于 Richardson（2006）的公司期望投资模型，计算公司期望的正常投资水平，并借鉴罗琦和张标（2013）的研究，以回归模型的残差作为非效率投资的代理变量。其中 $\varepsilon>0$ 表示公司投资过度，$\varepsilon<0$ 表示公司投资不足。为了方便理解，当 $\varepsilon<0$ 时，本章对其取绝对值来衡量公司投资不足的程度。回归模型如下：

$$Inv_{i,t} = \alpha+\beta_1 Q_{i,t-1}+\beta_2 Lev_{i,t-1}+\beta_3 Cash_{i,t-1}+\beta_4 Roa_{i,t-1}+\beta_5 Age_{i,t-1}+\beta_6 Size_{i,t-1}+\beta_7 R_{i,t-1}+\beta_8 Inv_{i,t-1}+\varepsilon \tag{4-1}$$

其中，$Inv_{i,t}$ 表示 i 公司第 t 年的投资水平，为购建固定资产、无形资产和其他长期投资所支付的现金与期初总资产的比值。$Q_{i,t-1}$、$Lev_{i,t-1}$、$Cash_{i,t-1}$、$Roa_{i,t-1}$、$Age_{i,t-1}$、$Size_{i,t-1}$、$R_{i,t-1}$、$Inv_{i,t-1}$分别是 i 公司第 t-1 期的托宾 Q、资产负债率、货币资金及短期投资占期初总资产的比例、资产净利率、上市年限、资产规模、考虑现金红利再投资的年个股回报率以及投资水平。此外，在计算非效率投资程度时，本章在回归过程中控制了行业、年度固定效应。

其他变量定义如表 4-1 所示：

表 4-1　变量定义

变量符号	变量名称	变量定义
Overinv	投资过度水平	见模型（4-1）
Underinv	投资不足水平	见模型（4-1）
Sent	投资者情绪	由换手率替代，换手率=年内交易总股数/年初流通股股数
Sale	销售收入	销售收入/期初总资产
Cash	货币资金	（货币资金+短期投资）/期初总资产
Size	企业规模	Ln（企业总资产金额+1）
Lev	资产负债率	总负债/总资产
Roa	盈利能力	净利润/总资产
State	企业性质	国企=1，非国企=0
Top1	股权集中度	第一大股东持股比例
Seperation	两权分离率	实际控制人拥有上市公司控制权与所有权之差

三、模型设计

为了检验假设 H1，本章采用多元回归方法，提出以下模型：

$$Overinv_{i,t} = \alpha + \beta_1 Sent_{i,t-1} + \beta_2 Sale_{i,t} + \beta_3 Cash_{i,t} + \beta_4 Size_{i,t} + \beta_5 Lev_{i,t} + \beta_6 Roa_{i,t} + \beta_7 State_{i,t} + \beta_8 Top1_{i,t} + \beta_9 Seperation_{i,t} + \varepsilon \qquad (4-2)$$

被解释变量为投资过度水平；解释变量为投资者情绪；控制变量

为销售收入、货币资金、企业规模、资产负债率、盈利能力、企业性质、股权集中度、两权分离率。主要考察系数 β_1，若系数 β_1 显著为正，表明投资者情绪会促使过度投资。

为了检验假设 H2，本章采用多元回归的方法，提出以下模型：

$$\text{Underinv}_{i,t} = \alpha + \beta_1 \text{Sent}_{i,t-1} + \beta_2 \text{Sale}_{i,t} + \beta_3 \text{Cash}_{i,t} + \beta_4 \text{Size}_{i,t} + \beta_5 \text{Lev}_{i,t} + \beta_6 \text{Roa}_{i,t} + \beta_7 \text{State}_{i,t} + \beta_8 \text{Top1}_{i,t} + \beta_9 \text{Seperation}_{i,t} + \varepsilon \qquad (4-3)$$

被解释变量为投资不足水平；解释变量为投资者情绪；控制变量为销售收入、货币资金、企业规模、资产负债率、盈利能力、企业性质、股权集中度、两权分离率。主要考察系数 β_1，若系数 β_1 显著为负，表明媒体正面报道会促使过度投资。

第四节　实证检验

一、描述性统计

表4-2和表4-3报告了样本的主要变量（投资过度、投资不足和投资者情绪）的描述性统计结果。在投资过度样本组里，投资过度水平的平均值为 0.048，最大值为 0.224，中位数为 0.029，说明存在投资过度的公司个体之间投资水平的差异比较大；投资者情绪的平均值为 5.566，最大值为 22.88，中位数为 4.404，标准差为 4.259。在投资不足样本组里，投资不足水平的平均值为 0.036，最大值为 0.102，中位数为 0.033，说明存在投资不足的公司个体之间投资水平的差异比较大；投资者情绪的平均值为 5.990，最大值为 22.88，中位数为 4.780，标准差为 4.365。总的来说，对样本数据的初步统计显示中国投资者情绪普遍较高，中国上市公司投资过度水平明显大于投资不足水平。

表 4-2　投资过度样本组描述性统计

变量	最小值	中位数	均值	最大值	标准差	观测值
Overinv	0	0.0290	0.0480	0.224	0.0520	2669
Sent	0.502	4.404	5.566	22.88	4.259	2669
Times	0.693	1.099	1.444	4.060	0.797	2669
Sale	0.0820	0.606	0.742	3.039	0.548	2669
Size	20.20	22.69	22.86	26.24	1.393	2669
Cash	0.0190	0.149	0.191	0.825	0.147	2669
Lev	0.0580	0.484	0.477	0.883	0.201	2669
Roa	-0.403	0.0670	0.0660	0.300	0.0870	2669
State	0	0	0.443	1	0.497	2669
Top1	0.239	0.589	0.585	0.903	0.151	2669
Top10	23.94	58.92	58.54	90.29	15.10	2669
Seperation	0	0	0.0490	0.291	0.0780	2669

表 4-3　投资不足样本组描述性统计

变量	最小值	中位数	均值	最大值	标准差	观测值
Underinv	0	0.0330	0.0360	0.102	0.0240	4548
Sent	0.502	4.780	5.990	22.88	4.365	4548
Times	0.693	1.099	1.170	4.060	0.626	4548
Sale	0.0820	0.554	0.681	3.039	0.497	4548
Size	20.20	22.09	22.21	26.24	1.124	4548
Cash	0.0190	0.169	0.215	0.825	0.160	4548
Lev	0.0580	0.413	0.425	0.883	0.206	4548
Roa	-0.403	0.0630	0.0640	0.300	0.0970	4548
State	0	0	0.413	1	0.492	4548
Top1	0.239	0.569	0.565	0.903	0.147	4548
Top10	23.94	56.95	56.54	90.29	14.67	4548
Seperation	0	0	0.0470	0.291	0.0750	4548

二、相关性分析

为了避免多重共线性的问题，本章对各变量之间的相关关系进行 Pearson 检验，从表 4-4 和表 4-5 可以看出，各变量之间的相关系数均在 0.5 以下，表明模型不存在多重共线性。因变量与自变量之间的相关分析显示：投资过度水平与投资者情绪的相关系数为 0.0693，且在 1% 的水平上显著，投资不足水平与投资者情绪的相关系数为 0.1136，且在 1% 的水平上显著，表明投资者情绪与非效率投资水平之间均具有显著的相关性。但各主要变量之间的关系是否符合本章所提出的假说，仍需要进一步探究，因此后文将利用回归模型进行多变量关系检验。

三、回归分析

为了检验假说 H1，本章对模型（4-2）进行了多元回归分析，具体结果如表 4-6 第（1）列。第（1）列为投资过度水平与投资者情绪的回归结果，投资者情绪对投资过度水平的回归系数为 0.00076，且在 1% 的水平上显著，表明投资者情绪可以显著提高投资过度水平，H1 得到了验证。

为了检验 H2，本章对模型（4-3）进行了多元回归分析，具体结果如表 4-6 列（2）。列（2）为投资不足水平与投资者情绪的回归结果，投资者情绪对投资不足水平的回归系数为 -0.00023，且在 1% 的水平上显著，表明投资者情绪可以显著抑制投资不足水平，H2 得到了验证。

表 4-4　投资过度样本组相关性分析

	Overinv	Sent	Sale	Size	Cash	Lev	Roa	State	Top1	Top10	Seperation
Oerinv	1	—	—	—	—	—	—	—	—	—	—
Sent	0.0693*	1	—	—	—	—	—	—	—	—	—
Sale	0.1002*	-0.0346	1	—	—	—	—	—	—	—	—
Size	-0.0724*	-0.3916*	0.0284	1	—	—	—	—	—	—	—
Cash	0.1470*	0.0964*	0.2399*	-0.1667*	1	—	—	—	—	—	—
Lev	-0.0245	-0.1699*	0.0409	0.5832*	-0.2339*	1	—	—	—	—	—
Roa	0.0816*	-0.0557	0.2015*	0.1041*	0.1576*	-0.1308*	1	—	—	—	—
State	-0.0856*	-0.2122*	-0.00490	0.4022*	-0.1528*	0.3391*	-0.0967*	1	—	—	—
Top1	0.0487	-0.1648*	0.1300*	0.2700*	0.0938*	-0.00840	0.1440*	0.0577*	1	—	—
Top10	0.0487	-0.1648*	0.1300*	0.2700*	0.0938*	-0.00840	0.1440*	0.0577*	1.0000*	1	—
Seperation	-0.0512*	-0.0917*	0.0803*	0.0623*	-0.0333	0.0520*	0.0672*	-0.1085*	0.0621*	0.0621*	1

注：* 表示 $p<0.1$。

表 4-5　投资不足样本组相关性分析

	Underinv	Sent	Sale	Size	Cash	Lev	Roa	State	Top1	Top10	Seperation
Underinv	1	—	—	—	—	—	—	—	—	—	—
Sent	0.1136*	1	—	—	—	—	—	—	—	—	—
Sale	0.0307	-0.0585*	1	—	—	—	—	—	—	—	—
Size	-0.3495*	-0.3665*	0.0677*	1	—	—	—	—	—	—	—
Cash	0.1998*	0.0631*	0.1272*	-0.0994*	1	—	—	—	—	—	—
Lev	-0.1585*	-0.1748*	0.1710*	0.4989*	-0.2993*	1	—	—	—	—	—
Roa	0.0667	-0.1118*	0.1932*	0.1672*	0.2267*	-0.1338*	1	—	—	—	—
State	-0.1255*	-0.2040*	0.0578*	0.3455*	-0.1234*	0.2874*	-0.0393*	1	—	—	—
Top1	0.00420	-0.1027*	0.0442*	0.1697*	0.1325*	-0.0952*	0.1919*	-0.00540	1	—	—
Top10	0.00420	-0.1027*	0.0442*	0.1697*	0.1325*	-0.0952*	0.1919*	-0.00540	1.0000*	1	—
Seperation	-0.0496*	-0.0791*	0.0936*	0.0656*	-0.0604*	0.0996*	0.0144	-0.0410*	0.0661*	0.0661*	1

注：＊表示 $p < 0.1$。

表 4-6　回归结果分析

	（1）	（2）
	Overinv	Underinv
Sent	0.00076***	-0.00023***
	(2.80)	(-3.03)
Sale	0.00365*	0.00133**
	(1.76)	(1.99)
Cash	0.04175***	0.01740***
	(5.75)	(8.66)
Size	-0.00103	-0.00925***
	(-0.97)	(-26.48)
Lev	0.03862***	0.02275***
	(5.73)	(11.75)
Roa	0.04425***	0.02625***
	(3.62)	(7.90)
State	-0.00901***	-0.00062
	(-4.02)	(-0.96)
Top1	0.01893***	0.00431**
	(2.71)	(2.07)
Seperation	-0.04510***	-0.00559
	(-3.52)	(-1.43)
_cons	0.05996***	0.24962***
	(2.67)	(33.96)
N	2669	4548
adj. R^2	0.084	0.350

注：＊＊＊表示 p<0.01，＊＊表示 p<0.05，＊表示 p<0.1，括号里表示 t 值。

四、稳健性检验

为了保证研究结果的稳健性，本章对罗琦和张标（2013）使用的 Richardson 回归模型的残差采用虚拟变量的方式处理，用以重新衡量上市公司的非效率投资。具体来说，若按模型（4-1）计算出的 $\varepsilon >$ 0，则 Overinv 取值为 1，否则 Overinv 取值为 0；若 $\varepsilon < 0$，则 Underinv 取值为 1，否则 Underinv 取值为 0。然后将调整后的自变量带入原方程（4-1）和方程（4-2），进行回归分析。稳健性检验的结果如表 4-7 所示，结果与前文研究结论没有实质性不同。因此，我们认为本章的假设和结论是比较稳健的。

表 4-7　多元回归稳健性检验

	（1）	（2）
	Overinv	Underinv
Sent	0.03391***	-0.03391***
	(4.87)	(-4.87)
Sale	0.27715***	-0.27715***
	(4.95)	(-4.95)
Cash	-0.81172***	0.81172***
	(-4.34)	(4.34)
Size	0.52590***	-0.52590***
	(17.56)	(-17.56)
Lev	-0.67864***	0.67864***
	(-3.89)	(3.89)
Roa	-0.75874**	0.75874**
	(-2.52)	(2.52)
State	-0.28568***	0.28568***
	(-4.92)	(4.92)

续表

	（1）	（2）
	Overinv	Underinv
Top1	0.21996	−0.21996
	（1.20）	（−1.20）
Seperation	−0.45171	0.45171
	（−1.33）	（1.33）
_cons	−12.74994***	12.74994***
	（−20.14）	（20.14）
N	7217	7217
pseudo R^2	0.070	0.070

注：***表示 p<0.01，**表示 p<0.05，*表示 p<0.1，括号里表示 t 值。

第五节　本章结论

本章以 2011~2017 年我国 A 股上市公司的经验数据为样本，考察了投资者情绪对上市公司非效率投资的影响。研究结果发现对于上市公司的两种不同的非效率投资现象，投资者情绪分别发挥显著的促进和抑制作用。具体来说，对于存在投资过度的上市公司，其投资过度水平在投资者情绪的作用下上升，公司的非效率投资没有得到解决，反而进一步恶化；对于存在投资不足的上市公司，其投资不足水平在投资者情绪的作用下有所下降，公司的非效率投资问题得到了缓解。这一结果表明，证券市场中的交易行为反映出的投资者情绪的确能对公司投资效率产生影响，通过对公司融资成本、融资规模和管理层心理的影响，高涨的投资者情绪能有效促使公司提高投资水平，从而缓解投资不足或加剧投资过度。

　　本章的结论对如何缓解上市公司投资效率低下问题具有一定的启示作用。首先，上市公司的管理层在进行投资决策时，应当注意投资者情绪给公司带来的多方面的影响。一方面，高管可以在公司内部建立起应对投资者情绪可能恶化投资过度水平的防范机制，防止投资效率进一步下降，使公司价值蒙受损失；另一方面，上市公司要注意树立良好的公众形象，把握住投资者情绪能缓解投资不足的优势，使公司资源得到最大限度的利用。其次，上市公司对自身发展要科学合理地定位，不能盲目追逐资本市场的概念题材，而是致力于发展自己的具有核心竞争力的业务，从而避免资本市场上波动的投资者情绪对企业价值可能造成的不良影响。

　　总的来说，本章的研究结论证实了投资者情绪对上市公司非效率投资的影响作用，对于接下来具体探究媒体态度、投资者情绪和非效率投资三者间的关系奠定了坚实的基础。

第五章

投资者情绪在媒体态度与投资效率间的中介作用

第一节 引言

本章基于前述研究结论，即媒体态度对公司投资效率具有影响作用，同时投资者情绪也影响着公司投资效率，进一步研究社会网络媒体、投资者情绪与非效率投资三者之间的关系。

随着互联网技术不断发展，网络的大面积普及，现代社会生活已经步入社会化网络媒体时代。互联网以其强大的力量成为继报刊、广播和电视之后的"第四媒体"。与传统的媒体受众关系不同，在社会网络媒体中的传播者、接受者、媒体之间已不存在明显的边界。中国主流网络媒体的梯队已经初具规模，管理和运作也日趋成熟。网络媒体具有双向互动、海量存储、即时检索等技术特性，改变了传统媒体的信息传播格局，逐渐取代传统媒体成为现代信息生活的主流。网络媒体的扩张与发展使社会呈现网络化特征，对社会的发展产生了重要影响。

在互联网背景下，网络媒体对中国资本市场的影响力也日益凸显。网络媒体就像一把双刃剑，对资本市场存在双重影响：一方面，网络媒体担负信息传播和舆论监督的角色，促进了资本市场的发展；另一方面，网络媒体对资本市场的信息环境提出挑战，各种谣言和非正式渠道的信息披露影响了投资者信息环境的公平性，对资本市场产生了负面的影响。上市公司作为资本市场的重要参与主体，受到了网络媒体的极大关注。随着网络媒体对上市公司报道数量的增加，其对上市公司的投资行为产生了重要影响：一方面，网络媒体将企业投资行为等各方面的信息传播至资本市场和投资者，发挥信息传播作用；另一方面，网络媒体对企业投资行为进行持续的跟踪报道，发挥有效的监督作用。

美国公共关系协会在 2008 年年会出版物中提出社会网络媒体具有去中心化、以人为基础的特点。社会网络媒体的影响如今已渗透至社会生活的方方面面，由于用户充分享有创作、评论、分享、交流互动等信息扩散能力，信息传播速度和范围也被极大地提高和扩大。尽管每个用户都具有充分参与的能力，在信息传播的过程中仍存在明显的势差，也就是信息扩散源和信息接收源的差异。这种势差使信息能够顺着扩散源到接收源的方向流动，从而使用户状态产生从"不知情"到"传播"的改变。在这一过程中，信息扩散源作为信息传播的中枢节点，其被认可程度的高低对信息传播的速度和范围具有重要影响。一般认为，扩散源的被认可程度越高，信息越容易被快速且广泛地传播。

信息在传播过程中往往带着传播者的观点态度。传播学的经典理论"沉默的螺旋"表明人们在传播信息过程中倾向于积极参与传播自己与普世观念一致的观点，而对自己与普世观念相左的观点偏向沉默。这一效应使信息传播源的意见领袖作用被进一步放大。

社会网络媒体关注度在一定程度上能反映市场上信息扩散的范围及速度。通过广泛的阅读和传播，社会网络媒体态度也反映了市场舆论态度。研究发现证券市场上存在"媒体效应"，即媒体关注度对股票收益有显著的负面影响。有关研究通过了对"过度关注弱势假说"的检验，表明媒体关注度的提高促使投资者在短期内过量交易股票，导致其后的期间内股票价格出现反转（张雅慧等，2011）。但以往的研究往往着眼于媒体关注与资产价格之间的关系，仅有少量文献检验了由于媒体关注产生的管理层过度自信与投资过度之间的关系，并没有系统地考察媒体关注是否影响公司的投资效率，更没有探究其中的影响机制是怎样的。

传统金融学理论认为市场的参与者均为理性经济人，他们追求收益最大化或风险最小化的投资结果。但行为金融学理论的诞生和发展表明，交易者做出的决策并不是完全理性的。这些非理性交易导致市场波动与理论预测相背离，因此被称为"噪音交易者"。噪音交易者产生的主要原因是存在投资者情绪这一因素。投资者情绪受到来自投资者个人认知判断、市场舆论环境以及套利成本等的影响。已有研究发现投资者情绪对公司投资效率具有"恶化效应"和"校正效应"，总体效应表现为投资效率降低，并通过股权融资渠道、迎合渠道、管理者乐观主义渠道、债权融资渠道等途径影响企业非效率投资。

公司非效率投资是指未能达到公司价值最大化目标的公司投资，包含投资不足和投资过度两种情况。公司非效率投资降低了公司资源配置效率，对公司长期稳定发展构成了严重威胁，同时损害了股东和投资者的利益。根据非效率投资的内在机理和外在表现，可以将其划分为两种类型：投资不足和投资过度。投资不足是指企业放弃净现值为正的投资机会的行为，主要原因在于信息不对称导致的融资约束。投资过度是指企业投资于净现值为负的投资机会的行为，主要原因在于代理问题导致的管理层和股东利益冲突。投资不足和投资过度均违背了净现值判断准则，偏离了企业价值最大化目标。关于非效率投资的影响因素，现有文献认为主要是因为存在信息不对称和代理问题。具体而言，信息不对称会产生逆向选择，从而导致对企业的融资约束（Mayers，1984）；低质量的会计信息会降低管理层识别投资机会的能力（Biddle et al.，2009）；并且信息不对称和管理层投机行为会引起代理问题（Jensen，1976）。这些情形都会使公司投资产生投资不足或过度投资的问题。

综上所述，关于非效率投资的研究已经逐步从影响因素的发掘过渡到对作用机制的检验，但尚未有研究探讨媒体报道、投资者情绪与非效率投资三者的动态关系。因此本章认为检验社会网络媒体与公司投资效率中是否存在投资者情绪的中介效应是一个值得研究的话题。

第二节 理论分析与研究假设

一、媒体关注

媒体的存在不仅可以被公司股东所利用，也可以被广大利益相关者团体所利用。媒体的价值判断也集中反映了一个国家的风俗习惯、文化等非正规因素的影响，因此媒体已成为公司治理外部影响因素的主要研究对象。媒体关注对公司投资的影响作用大致有四条渠道：降低信息不对称（Dycketal et al.，2008；Busheeetal et al.，2010；Joe et al.，2009）、监督公司治理（Coreetal et al.，2008；于忠泊等，2011；李培功、沈艺峰，2010；杨德明、赵璨，2012）、影响管理层情绪（Roll，1986；Heyward and Hambrick，1997）、影响市场情绪（Long et al.，1990；Hong and Stein，2007）。网络媒体彻底改变了资本市场的信息环境。根据媒体所具备的信息传播和舆论监督两大职能，可以将网络媒体发挥作用的微观机制区分为两种效应：信息效应和监督效应。由于传统媒体在资本市场一系列证券发行欺诈案件中发挥了关键作用，所以其被学者和社会公众更多地赋予监督者的角色。然而，媒体的首要职能是信息传播，其次才是舆论监督。网络媒体融合了互联网技术的优势，颠覆了传统媒体（报纸、广播、电视）的信息传播方式，具有传播快、范围广、影响大等特点，使其传播信息的职能凸显。

二、媒体关注与非效率投资

媒体正面报道的信息效应可以降低信息不对称和信息风险，进而缓解由此导致的非效率投资行为——投资不足。Fama（1970）提出了有效市场假说，他认为在一个证券市场中，如果证券的价格能够反映所有可以获得的信息，那么这样的市场就被认定为有效市场。对于强势有效市场，价格可以充分地反映所有已公开或内部尚未公开的信息。但在实际的经济领域中，强势有效市场并不存在，即经济决策主体通常不能获得市场上的所有信息。信息不对称理论认为，在市场经济活动中，每个人获取信息的渠道是各异的，对信息的了解也有差异，因此交易各方所掌握的信息也就各有不同。因此，相比较而言，拥有更加充分信息的一方比另外一方将会获得一定的优势地位，很有可能以此获利。

信息不对称可以分为事前信息不对称以及事后信息不对称，前者引起逆向选择的问题，后者则会导致道德风险。在这种情况下，即使委托人和经理人的利益相趋一致，也会出现非效率投资的行为。在股票市场上，Narayanan（1988）认为，由于存在信息不对称，外部的投资者掌握的企业信息没有内部管理人员充分，股东便不能监督企业所实施的投资项目，从而导致非效率投资行为的发生。Myers（1984）则认为，当股东与管理层的目标一致时，若管理层为筹集资金而选择新股被高估时发行股票，由于存在信息不对称，市场上潜在的股东会逆向判断高管的意图，认为发行新股是坏消息，从而拉低股票价格，这样就会导致企业在发展良好的状态下由于筹不到足够的资金而放弃净现值为正的投资项目，产生投资不足的问题。在债券市场上，由于存在信息不对称，债权人没有掌握足够的信息来对项目进行质量判断，因此为保证自身利益，债权人会要求更高的风险溢价来增加外部融资成本（Stiglitz，1981）。Jaffee（1976）认为债权人与企业内部管理者对投资项目的预期不同，而债权人会因其自身的信息劣势而要求更高的利率补偿，从而增加了外部融资成本，最终过高的融资成本会使企业没有足够的现金流投资于净现值为正的投资项目，产生投资不足的问题。媒体人一般通过大量的调查和分析或者秘密取得各种重要的信息提供给外界，因此资本市场上的参与者便可以通过有关上市公司的大量媒体报道来降低投融资过程中的信息不对称性（Bushee，2010）。虽然可能会出现媒体报道并不属实的情况，但是大量的客观信息的存在有助于缓解信息虚假的情况，从而影响资本定价（Fang，2009）。因此，随着媒体正向报道的增加，企业高管所掌握的有关内部信息的优势地位将不再突出，企业相关投资项目在各种报道下也会日趋透明，企业的股价和借贷利率也在这种情况下会相对合理从而使外部的融资成本降低，缓解了投资不足的问题。媒体报道最直接以及最显著的作用就是减少信息不对称，从而可以保证企业的投资效率。

媒体正面报道的信息效应可以缓解企业的融资约束问题，从而导致投资过度。媒体关注主要是通过融资成本对投资行为产生间接影响。Diamond（1989）研究债券市场的委托代理问题，发现形象和信誉越好，企业的融资能力越强，融资约束越小。程新生等（2015）认为新闻报道对投资效率具有双向影响：一方面新闻报道能促使企业按照实际状况及发展需求调配资源，提高资源配置效率；另一方面报道偏差可能会对企业产生消极影响，降低投资效率。综合以上研究分析，正面的媒体报道，提升企业形象信誉，增加销售收入，改善外部融资环境，融资成本低。企业融资成本不同，投资行为选择也会有所差异。融资成本低的企业，易投资过度。

媒体负面关注可以减少投资过度，同时促进投资不足。媒体负面关注起到了监督作用。在新闻界媒体监督一般被定义为，报纸刊物、广播电视等大众传媒对各种违法乱纪等社会现象、渎职腐败行为进行的揭露、报道、评论或抨击。通过媒体独立、客观的报道，有效地约束和纠正市场中存在的不规范行为，是监督体系中重要的一种监督形式。网络媒体的监督效应能够在事前、事中和事后监督与评价企业的管理层，抑制管理层机会主义行为和道德风险行为，降低企业的委托代理问题。在网络媒体关注的监督压力下，管理层为了维持既有职位以及在未来的高薪酬，需要维护其声誉形象，必然要减少损害股东和投资者的自利行为，降低投资方向上的过度支出。

通过降低信息不对称，媒体关注能够使公司管理层了解更多投资机会，从而改善公司投资不足的情况。媒体关注同时能监督管理层，发挥降低代理问题并抑制公司过度投资的动机的作用。对管理层情绪的影响主要是媒体关注导致管理层过度自信，从而产生公司过度投资的情况。关于媒体关注影响市场情绪的研究，具体来说包括两方面：一方面在投资者注意力有限的情况下，被媒体关注的股票产生过度交易，导致资产价格的过度反应并回转（张雅慧等，2011）；另一方面在意见领袖效应下，媒体传递出的乐观或悲观的态度会被市场放大，导致股票价格出现泡沫（游家兴、吴静，2012）。媒体关注产生的公司资产价格被高估能缓解公司融资约束问题，从而减轻公司的投资不足。

总的来说，媒体关注对公司投资具有双面性，既能缓解非效率投资，又可能促进过度投资。媒体态度可以分为正面态度和负面态度。

对于过度投资来说，媒体的负面态度能发挥监督效应，达到规范管理者行为的目的，从而减少公司过度投资；媒体的正面态度则可能导致管理层过度自信，进而促进公司过度投资。对于投资不足来说，媒体的负面态度会使融资约束进一步恶化，加重公司投资不足的问题；媒体的正面态度能发挥信息效应，从而缓解融资约束问题，并减轻公司的投资不足。

基于以上分析，提出如下假设：

H1a：其他条件不变的情况下，媒体正面报道与公司过度投资呈正相关关系。

H1b：其他条件不变的情况下，媒体负面报道与公司过度投资呈负相关关系。

H2a：其他条件不变的情况下，媒体正面报道与公司投资不足呈负相关关系。

H2b：其他条件不变的情况下，媒体负面报道与公司投资不足呈正相关关系。

在众多影响投资者情绪的因素中，媒体是重要的组成部分。极端的媒体情绪会带来市场交易量的剧增（Tetlock，2007；Hong et al.，2007；Cheng et al.，2013）。余峰燕等（2012）发现散户投资者面对反复出现的新闻报道会产生相应的情绪。张雅慧等（2012）检验得到了媒体新闻短期内能影响投资者情绪这一结论。媒体对公司进行正面报道时，投资者情绪随之高涨；媒体对公司进行负面报道时，投资者情绪随之变得低落。

首先，投资者情绪具有滞后性，新闻报道通过传递股票市盈率、收益率上升的乐观信息来引导投资者情绪从悲观转向乐观状态，或者说投资者情绪会随着媒体乐观倾向增长而不断亢奋，乐观情绪逐渐积累并保持一段时间。投资者认知理论揭示了在无限信息中投资者的认知是有限的，媒体关注为投资者积极面对这一现实窘境提供了一定帮助。作为现代社会不可或缺的重要组成部分，媒体报道不仅能够增加市场信息含量，还能有效地捕获投资者的注意力。在投资者普遍存在有限关注偏差的情况下，报道次数的增多有助于投资者及时掌握更多关于上市公司财务状况和经营业绩的重要信息，促使投资者不断调整自己关于公司价值预期值与真实值之间的差距，从而避免投资者期望过高而导致的情绪落差，降低了投资者的乐观偏差，同时也缓解了可能因不了解公司价值而产生的悲观情绪。

其次，通过股权融资途径、信贷融资途径、管理者信心途径和迎合途径，投资者情绪能影响公司非效率投资。具体而言，投资者情绪高涨意味着公司受到市场更多的良性关注，股票交易更为频繁。因此，对于已存在的融资约束问题的公司，高涨的投资者情绪能缓解融资约束，对于自有现金流充足的公司，高涨的投资者情绪能推动资产价格产生一定的高估泡沫。总的来说，公司融资成本得到降低，同时管理层的信心在媒体正面报道和投资者情绪高涨的过程中得到加强。从而对于投资不足的公司来说媒体正面报道通过高涨的投资者情绪抑制了投资不足，导致非效率投资的程度减轻。对于过度投资的公司来说，媒体正面报道通过高涨的投资者情绪进一步促进了过度投资，导致非效率投资的程度加重。

最后，投资者情绪低落则意味着市场对公司的经营状况和未来发展丧失信心，公司股票的交易频率下降。对于已存在融资约束问题的公司来说，低落的投资者情绪会进一步使融资约束问题恶化，对于自由现金流充足的公司来说，低落的投资者情绪能够减少公司自有现金流。总的来说，公司融资成本增加，同时管理层的信心在媒体负面报道和投资者情绪低落的过程中下降。从而对于投资不足的公司来说媒体负面报道通过低落的投资者情绪进一步促进了投资不足，导致非效率投资的程度加重。对于过变投资的公司来说，媒体负面报道通过低落的投资者情绪抑制了过度投资，导致非效率投资的程度减轻（见图5-1）。

基于以上分析，提出如下假设：

H3：投资者情绪在媒体报道影响公司非效率投资中发挥了中介作用。

H3a：投资者情绪在媒体正面报道促进过度投资中发挥了中介作用。

H3b：投资者情绪在媒体负面报道抑制过度投资中发挥了中介

作用。

H3c：投资者情绪在媒体正面报道抑制投资不足中发挥了中介作用。

H3d：投资者情绪在媒体负面报道促进投资不足中发挥了中介作用。

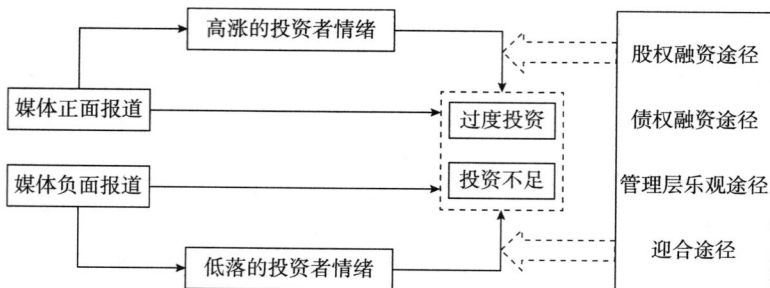

图 5-1　研究逻辑框架

第三节　研究设计

一、数据来源

本章以 2011~2017 年我国 A 股上市公司的经验数据为样本，其中公司治理与财务数据来于国泰安数据库，股票市场交易数据来自于锐思数据库，媒体关注数据通过网络爬虫采集于新浪微博。本章按照以下条件对数据进行筛选：①剔除金融行业；②剔除 ST、PT 及股票停牌的企业。此外，为消除极端值的影响，本章对所有连续变量在 1% 及 99% 分位数上进行了缩尾处理。为避免互为因果的内生性，本章采用领先—滞后法，实际样本观察期为六年，共 7217 条非平衡面板数据。

二、变量定义

1. 媒体关注度及媒体态度

本部分内容同本书第三章第 29 页。

2. 投资者情绪

本部分内容同本书第四章相关内容，见本书第 57 页。

3. 投资效率

本部分内容同本书第三章相关内容，见本书第 30 页。

表 5-1　变量定义

变量符号	变量名称	变量定义
Overinv	投资过度水平	见模型（3-1）
Underinv	投资不足水平	见模型（3-1）
Weibo_Pos	正面报道次数	Ln（正面报道次数+1）
Weibo_Neg	负面报道次数	Ln（负面报道次数+1）
Sent	投资者情绪	由换手率替代，换手率＝年内交易总股数/年初流通股股数
Sale	销售收入	销售收入/期初总资产
Cash	货币资金	（货币资金+短期投资）/期初总资产
Size	企业规模	Ln（企业总资产金额+1）
Lev	资产负债率	总负债/总资产
Roa	盈利能力	净利润/总资产
State	企业性质	国企＝1，非国企＝0
Top1	股权集中度	第一大股东持股比例
Seperation	两权分离率	实际控制人拥有上市公司控制权与所有权之差

三、模型设计

根据以上研究设计为了检验假设 H1a，本章采用多元回归，提出以下模型：

$$Overinv_{i,t} = \alpha + \beta_1 Weibo_{Pos\,i,t-1} + \beta_2 Sale_{i,t} + \beta_3 Cash_{i,t} + \beta_4 Size_{i,t} +$$
$$\beta_5 Lev_{i,t} + \beta_6 Roa_{i,t} + \beta_7 State_{i,t} + \beta_8 Top1_{i,t} + \beta_9 Seperation_{i,t} + \varepsilon$$

$$(5-1)$$

被解释变量为投资过度水平；解释变量为正面报道次数；控制变量为销售收入、货币资金、企业规模、资产负债率、盈利能力、企业性质、股权集中度、两权分离率。主要考察系数 β_1，若系数 β_1 显著为正表明媒体正面报道会促使过度投资。

为了验证假设 H1b，本章采取多元回归的方法，提出以下模型：

$$Overinv_{i,t} = \alpha + \beta_1 Weibo_{Neg\,i,t-1} + \beta_2 Sale_{i,t} + \beta_3 Cash_{i,t} + \beta_4 Size_{i,t} +$$
$$\beta_5 Lev_{i,t} + \beta_6 Roa_{i,t} + \beta_7 State_{i,t} + \beta_8 Top1_{i,t} + \beta_9 Seperation_{i,t} + \varepsilon$$

$$(5-2)$$

被解释变量为投资过度水平；解释变量为负面报道次数；控制变量为销售收入、货币资金、企业规模、资产负债率、盈利能力、企业性质、股权集中度、两权分离率。主要考察系数 β_1，若系数 β_1 显著为负表明媒体正面报道会促使过度投资。

为了验证假设 H2a，本章采取多元回归的方法，提出以下模型：

$$Underinv_{i,t} = \alpha + \beta_1 Weibo_{Pos\,i,t-1} + \beta_2 Sale_{i,t} + \beta_3 Cash_{i,t} + \beta_4 Size_{i,t} +$$
$$\beta_5 Lev_{i,t} + \beta_6 Roa_{i,t} + \beta_7 State_{i,t} + \beta_8 Top1_{i,t} + \beta_9 Seperation_{i,t} + \varepsilon$$

$$(5-3)$$

被解释变量为投资不足水平；解释变量为正面报道次数；控制变量为销售收入、货币资金、企业规模、资产负债率、盈利能力、企业性质、股权集中度、两权分离率。主要考察系数 β_1，若系数 β_1 显著为负表明媒体正面报道会抑制投资不足。

为了验证假设 H2b，本章采取多元回归的方法，提出以下模型：

$$\text{Underinv}_{i,t} = \alpha + \beta_1 \text{Weibo}_{\text{Neg}\,i,t-1} + \beta_2 \text{Sale}_{i,t} + \beta_3 \text{Cash}_{i,t} + \beta_4 \text{Size}_{i,t} +$$
$$\beta_5 \text{Lev}_{i,t} + \beta_6 \text{Roa}_{i,t} + \beta_7 \text{State}_{i,t} + \beta_8 \text{Top1}_{i,t} + \beta_9 \text{Seperation}_{i,t} + \varepsilon$$

$$(5-4)$$

被解释变量为投资不足水平；解释变量为负面报道次数；控制变量为销售收入、货币资金、企业规模、资产负债率、盈利能力、企业性质、股权集中度、两权分离率。主要考察系数 β_1，若系数 β_1 显著为正表明媒体正面报道会抑制投资不足。

为了验证假设 H3a，本章采用最小二乘回归模型（OLS），提出如下模型：

$$\text{Sent}_{i,t} = \alpha + \beta_1 \text{Weibo}_{\text{Pos}\,i,t-1} + \beta_2 \text{Sale}_{i,t} + \beta_3 \text{Cash}_{i,t} + \beta_4 \text{Size}_{i,t} +$$
$$\beta_5 \text{Lev}_{i,t} + \beta_6 \text{Roa}_{i,t} + \beta_7 \text{State}_{i,t} + \beta_8 \text{Top1}_{i,t} + \beta_9 \text{Seperation}_{i,t} + \varepsilon$$

$$(5-5)$$

$$\text{Overinv}_{i,t} = \alpha + \beta_1 \text{Weibo}_{\text{Pos}\,i,t-1} + \beta_2 \text{Sent}_{i,t-1} + \beta_3 \text{Sale}_{i,t} + \beta_4 \text{Cash}_{i,t} +$$
$$\beta_5 \text{Size}_{i,t} + \beta_6 \text{Lev}_{i,t} + \beta_7 \text{Roa}_{i,t} + \beta_8 \text{State}_{i,t} + \beta_9 \text{Top1}_{i,t} +$$
$$\beta_{10} \text{Seperation}_{i,t} + \varepsilon$$

$$(5-6)$$

模型（5-5）表示媒体正面报道对投资者情绪的影响。被解释变量为投资者情绪；解释变量为媒体正面报道次数；控制变量为销售收入、货币资金、企业规模、资产负债率、盈利能力、企业性质、股权集中度、两权分离率。主要考察系数 β_1，若系数 β_1 显著为正表明媒体正面报道会促使投资者情绪高涨。

模型（5-6）是在模型（5-1）的基础上加入投资者情绪 Sent，来验证投资者情绪是否为中介变量。

为了验证假设 H3b，本章采用最小二乘回归模型（OLS），提出如下模型：

$$\text{Sent}_{i,t} = \alpha + \beta_1 \text{Weibo}_{\text{Neg}\,i,t-1} + \beta_2 \text{Sale}_{i,t} + \beta_3 \text{Cash}_{i,t} + \beta_4 \text{Size}_{i,t} +$$

$$\beta_5 Lev_{i,t} + \beta_6 Roa_{i,t} + \beta_7 State_{i,t} + \beta_8 Top1_{i,t} + \beta_9 Seperation_{i,t} + \varepsilon$$

$$(5-7)$$

$$Overinv_{i,t} = \alpha + \beta_1 Weibo_{Negi,t-1} + \beta_2 Sent_{i,t-1} + \beta_3 Sale_{i,t} + \beta_4 Cash_{i,t} +$$

$$\beta_5 Size_{i,t} + \beta_6 Lev_{i,t} + \beta_7 Roa_{i,t} + \beta_8 State_{i,t} + \beta_9 Top1_{i,t} +$$

$$\beta_{10} Seperation_{i,t} + \varepsilon \qquad (5-8)$$

模型（5-7）表示媒体负面报道对投资者情绪的影响。被解释变量为投资者情绪；解释变量为媒体负面报道次数；控制变量为销售收入、货币资金、企业规模、资产负债率、盈利能力、企业性质、股权集中度、两权分离率。主要考察系数 β_1，若系数 β_1 显著为负表明媒体负面报道会抑制投资者情绪。

模型（5-8）是在模型（5-2）的基础上加入投资者情绪 Sent，来验证投资者情绪是否为中介变量。

为了验证假设 H3c，本章采用最小二乘回归模型（OLS），提出如下模型：

$$Sent_{i,t} = \alpha + \beta_1 Weibo_{Posi,t-1} + \beta_2 Sale_{i,t} + \beta_3 Cash_{i,t} + \beta_4 Size_{i,t} +$$

$$\beta_5 Lev_{i,t} + \beta_6 Roa_{i,t} + \beta_7 State_{i,t} + \beta_8 Top1_{i,t} + \beta_9 Seperation_{i,t} + \varepsilon$$

$$(5-9)$$

$$Underinv_{i,t} = \alpha + \beta_1 Weibo_{Posi,t-1} + \beta_2 Sent_{i,t-1} + \beta_3 Sale_{i,t} + \beta_4 Cash_{i,t} +$$

$$\beta_5 Size_{i,t} + \beta_6 Lev_{i,t} + \beta_7 Roa_{i,t} + \beta_8 State_{i,t} + \beta_9 Top1_{i,t} +$$

$$\beta_{10} Seperation_{i,t} + \varepsilon \qquad (5-10)$$

模型（5-9）表示媒体正面报道对投资者情绪的影响。被解释变量为投资者情绪；解释变量为媒体正面报道次数；控制变量为销售收入、货币资金、企业规模、资产负债率、盈利能力、企业性质、股权集中度、两权分离率。主要考察系数 β_1，若系数 β_1 显著为正表明媒体正面报道会提高投资者情绪。

模型（5-10）是在模型（5-3）的基础上加入投资者情绪 Sent，来验证投资者情绪是否为中介变量。

为了验证假设 H3d，本章采用最小二乘回归模型（OLS），提出如下模型：

$$Sent_{i,t} = \alpha + \beta_1 Weibo_{Negi,t-1} + \beta_2 Sale_{i,t} + \beta_3 Cash_{i,t} + \beta_4 Size_{i,t} +$$
$$\beta_5 Lev_{i,t} + \beta_6 Roa_{i,t} + \beta_7 State_{i,t} + \beta_8 Top1_{i,t} + \beta_9 Seperation_{i,t} + \varepsilon$$

$$(5-11)$$

$$Underinv_{i,t} = \alpha + \beta_1 Weibo_{Negi,t-1} + \beta_2 Sent_{i,t-1} + \beta_3 Sale_{i,t} + \beta_4 Cash_{i,t} +$$
$$\beta_5 Size_{i,t} + \beta_6 Lev_{i,t} + \beta_7 Roa_{i,t} + \beta_8 State_{i,t} + \beta_9 Top1_{i,t} +$$
$$\beta_{10} Seperation_{i,t} + \varepsilon$$

$$(5-12)$$

模型（5-11）表示媒体负面报道对投资者情绪的影响。被解释变量为投资者情绪；解释变量为媒体负面报道次数；控制变量为销售收入、货币资金、企业规模、资产负债率、盈利能力、企业性质、股权集中度、两权分离率。主要考察系数 β_1，若系数 β_1 显著为负表明媒体负面报道会抑制投资者情绪。

模型（5-12）是在模型（5-4）的基础上加入投资者情绪 Sent，来验证投资者情绪是否为中介变量。

第四节　实证检验

一、描述性统计

表5-2报告了样本的主要变量的描述性统计结果。投资过度水平的平均值为0.048，最大值为0.224，中位数为0.029，说明公司个体之间的差异比较大；投资不足水平的平均值为0.036，最大值为0.102，中位数为0.033。对比来看，中国上市公司投资过度水平明显大于投资不足水平。媒体正面报道的平均值为0.637，最大值为3.466，中位数为0.593；媒体负面报道的平均值为0.830，最大值为3.611，中位数为0.593。对比来看，媒体更加倾向于进行负面报道，

这说明我国的媒体提供了更多的监督功能。投资者情绪的平均值为5.833，最大值为22.88，中位数为4.636，说明中国投资者情绪普遍较高。标准差为4.331，说明个体间的差异较大。

表5-2　描述性统计

变量	最小值	中位数	均值	最大值	标准差
Overinv	0	0.0290	0.0480	0.224	0.0520
Underinv	0	0.0330	0.0360	0.102	0.0240
Weibo_pos	0	0.693	0.637	3.466	0.712
Weibo_neg	0	0.693	0.830	3.611	0.776
Sent	0.502	4.636	5.833	22.88	4.331
Sale	0.0820	0.569	0.704	3.039	0.517
Size	20.20	22.26	22.45	26.24	1.269
Cash	0.0190	0.161	0.206	0.825	0.156
Lev	0.0580	0.440	0.444	0.883	0.206
Roa	-0.403	0.0640	0.0640	0.300	0.0930
State	0	0	0.424	1	0.494
Top1	0.239	0.577	0.573	0.903	0.149
Top10	23.94	57.69	57.28	90.29	14.86
Seperation	0	0	0.0480	0.291	0.0760

二、相关性分析

为了避免多重共线性，本章对各变量之间的相关关系进行 Pearson 检验，从表5-3可以看出，各变量之间的相关系数均在0.5以下，表明模型不存在多重共线性。因变量与自变量之间的相关分析显示：首先，投资过度水平与媒体正向报道的相关系数为0.1037，且在1%的

表 5-3　相关性分析

	overinv	underinv	Weib_Pos	Weib_Neg	sent	sale	size	cash	lev	roa	state	top1	top10	Seperation
overinv	1	—	—	—	—	—	—	—	—	—	—	—	—	—
underinv	0	1	—	—	—	—	—	—	—	—	—	—	—	—
Weibo_Pos	0.1037*	-0.0709*	1	—	—	—	—	—	—	—	—	—	—	—
Weibo_Neg	-0.0897*	-0.0083	0.0263	1	—	—	—	—	—	—	—	—	—	—
sent	0.0693*	0.1136*	0.0151	-0.2123*	1	—	—	—	—	—	—	—	—	—
sale	0.1002*	0.0307	0.0418*	0.0469*	-0.0517*	1	—	—	—	—	—	—	—	—
size	-0.0724*	-0.3495*	0.1621*	0.3438*	-0.3740*	0.0623*	1	—	—	—	—	—	—	—
cash	0.1470*	0.1998*	-0.0081	0.0123	0.0778*	0.1637*	-0.1394*	1	—	—	—	—	—	—
lev	-0.0245	-0.1585*	0.0442*	0.1094*	-0.1774*	0.1263*	0.5399*	-0.2829*	1	—	—	—	—	—
roa	0.0816*	0.0667*	0.0031	0.0860*	-0.0931*	0.1956*	0.1390*	0.2027*	-0.1302*	1	—	—	—	—
state	-0.0856*	-0.1255*	0.0086	0.1065*	-0.2080*	0.0346*	0.3634*	0.1355*	0.3074*	-0.0588*	1	—	—	—
top1	0.0487	0.0042	0.0232	0.1357*	-0.1283*	0.0818*	0.2208*	0.1130*	-0.0545*	0.1751*	0.0203	1	—	—
top10	0.0487	0.0042	0.0232	0.1357*	-0.1283*	0.0818*	0.2208*	0.1130*	-0.0545*	0.1751*	0.0203	1.0000*	1	—
seperation	-0.0512*	-0.0496*	-0.0004	0.0004	-0.0843*	0.0889*	0.0653*	-0.0515*	0.0829*	0.0331*	-0.0662*	0.0653*	0.0653*	1

注：* 表示 $p < 0.1$。

水平上显著；投资过度水平与媒体负向报道的相关系数为-0.0897，且在1%的水平上显著。上述结果表明，媒体正向报道会促使投资过度，媒体负向报道会抑制投资不足，初步验证了本章的假说与结论。其次，投资不足水平与媒体正向报道的相关系数为-0.0709，且在1%的水平上显著，投资不足水平与媒体负向报道的相关系数为-0.0083，但是结果并不显著。上述结果基本表明，媒体正向报道会抑制投资不足水平，媒体负向报道与投资不足的关系有待进一步验证。最后，媒体正向报道与投资情绪的相关系数为0.0151，媒体负向报道与投资者情绪的系数为-0.2123，且在1%的水平上显著，表明媒体报道会显著影响投资者情绪；投资过度水平与投资者情绪的相关系数为0.0639，且在1%的水平上显著，投资不足水平与投资者情绪的相关系数为0.1136，且在1%的水平上显著，表明投资者情绪对投资水平产生显著的影响。总而言之，上述单变量分析中各主要变量之间的关系与预期基本一致，后文将利用回归模型进行多变量关系检验。

三、回归分析

为检验假说H1a，本章对模型（5-1）进行了多元回归分析，具体结果如表5-4第（1）列。第（1）列为投资过度水平与媒体正面报道的回归结果，媒体正面报道对投资过度水平的回归系数为0.00654，且在1%的水平上显著，表明媒体正面报道可以显著提高投资过度水平，验证了假设H1a。为检验假设H1b，本章对模型（5-2）进行了多元回归分析，具体结果如表5-4列（2）所示。列（2）为投资过度水平与媒体负面报道的回归结果，媒体负面报道对投资过度水平的回归系数为-0.00553，且在1%的水平上显著，表明媒体负面报道可以显著抑制投资过度水平，验证了假设H1b。为检验假设H2a，本章对模型（5-3）进行了多元回归分析，具体结果如表5-4列（3）。列（3）为投资不足水平与媒体正面报道的回归结果，媒体正面报道对投资不足水平的回归系数为-0.00151，且在1%的水平上显著，表明媒体正面报道可以显著抑制投资不足水平，验证了假设H2a。为检验假设 H2b，本章对模型（5-4）进行了多元回归分析，具体结果如表5-4列（4）。列（4）为投资不足水平与媒体负面报道的回归结果，媒体负面报道对投资不足水平的回归系数为 0.00194，且在1%的水平上显著，表明媒体负面报道可以显著提高投资不足水平，验证了假设 H2b。

表5-4 回归结果分析

	（1）	（2）	（3）	（4）
	Overinv	Overinv	Underinv	Underinv
Weibo_ pos	0.00654***	—	-0.00151**	—
	(5.63)		(-2.89)	
Weibo_ neg	—	-0.00553***	—	0.00194***
		(-4.14)		(4.76)
Sale	0.00297	0.00406*	0.00134*	0.00126
	(1.44)	(1.96)	(2.00)	(1.89)
Cash	0.0419***	0.0426***	0.0172***	0.0167***
	(5.80)	(5.88)	(8.57)	(8.35)
Size	-0.00315**	-0.000442	-0.00886***	-0.00932***
	(-3.11)	(-0.41)	(-26.64)	(-27.26)
Lev	0.0431***	0.0378***	0.0223***	0.0227***
	(6.44)	(5.62)	(11.50)	(11.77)
Roa	0.0476***	0.0439***	0.0266***	0.0266***
	(3.91)	(3.60)	(8.03)	(8.04)
State	-0.00853***	-0.00960***	-0.000516	-0.000489
	(-3.82)	(-4.30)	(-0.80)	(-0.76)
Top1	0.0193**	0.0199**	0.00432*	0.00422*
	(2.77)	(2.86)	(2.08)	(2.03)

续表

	（1）	（2）	（3）	（4）
	Overinv	Overinv	Underinv	Underinv
Seperation	−0.0455***	−0.0494***	−0.00488	−0.00478
	（−3.58）	（−3.88）	（−1.25）	（−1.22）
_cons	0.102***	0.0540*	0.241***	0.249***
	（5.05）	（2.49）	（35.37）	（35.68）
N	2669	2669	4548	4548
adj. R^2	0.093	0.088	0.350	0.352

注：*表示 $p<0.1$，**表示 $p<0.05$，***表示 $p<0.01$，括号里表示 t 值。

为了检验假设 H3a，本章采用"逐步检验法"，具体结果如表 5-5 所示：表 5-5 列（1）中，媒体正面报道对投资过度水平的系数为 0.00654，且在 1% 的水平上显著；表 5-5 列（2）中，媒体正面报道对投资者情绪的系数为 0.419，且在 1% 的水平上显著；表 5-5 列（3）中，媒体正面报道对投资过度水平的系数为 0.00628，在 1% 的水平上显著，且小于 0.00654；投资者情绪对投资过度水平的系数为 0.000618，且在 10% 的水平上显著，以上结果验证了投资者情绪的中介效应，表明媒体正面报道促使投资者情绪高涨，从而导致投资者过度投资，支持了假设 H3a。

表 5-5　中介效应检验（一）

	（1）	（2）	（3）
	Overinv	Sent	Overinv
Weibo_pos	0.00654***	0.419***	0.00628***
	（5.63）	（5.04）	（5.38）
Sent	—	—	0.000618*
			（2.28）

续表

	（1）	（2）	（3）
	Overinv	Sent	Overinv
Sale	0.00297	-0.0342	0.00300
	（1.44）	（-0.23）	（1.45）
Cash	0.0419***	1.007	0.0413***
	（5.80）	（1.95）	（5.71）
Size	-0.00315**	-1.469***	-0.00224*
	（-3.11）	（-20.31）	（-2.06）
Lev	0.0431***	2.546***	0.0415***
	（6.44）	（5.32）	（6.18）
Roa	0.0476***	-0.167	0.0477***
	（3.91）	（-0.19）	（3.92）
State	-0.00853***	-0.470**	-0.00824***
	（-3.82）	（-2.94）	（-3.69）
Top1	0.0193**	-0.894	0.0198**
	（2.77）	（-1.80）	（2.85）
Seperation	-0.0455***	-3.384***	-0.0434***
	（-3.58）	（-3.72）	（-3.41）
_cons	0.102***	36.93***	0.0797***
	（5.05）	（25.43）	（3.52）
N	2669	2669	2669
adj. R²	0.093	0.298	0.094

注：*表示 p<0.1，**表示 p<0.05，***表示 p<0.01，括号里表示 t 值。

　　为了检验假设 H3b，本章采用"逐步检验法"，具体结果如表 5-6 所示：表 5-6 列（1）中，媒体负面报道对投资过度水平的系数为-0.00553，且在 1% 的水平上显著；表 5-6 列（2）中，媒体负面报道对投资者情绪的系数为 -0.683，且在 1% 的水平上显著；表 5-6 列（3）中，媒体负面报道对投资过度水平的系数为 -0.00511，在 1% 的水平上显著，且大于 -0.00553；投资者情绪对投资过度水平的系数为 0.000616，且在 10% 的水平上显著，以上结果验证了投资者情绪的中介效应，表明媒体负面报道抑制了投资者情绪，从而抑制了投资过度水平，支持了假设 H3b。

表 5-6　中介效应检验（二）

	（1）	（2）	（3）
	Overinv	Sent	Overinv
Weibo_neg	-0.00553***	-0.683***	-0.00511***
	(-4.14)	(-7.21)	(-3.79)
Sent	—	—	0.000616*
			(2.25)
Sale	0.00406*	0.0594	0.00403
	(1.96)	(0.40)	(1.95)
Cash	0.0426***	1.058*	0.0420***
	(5.88)	(2.06)	(5.79)
Size	-0.000442	-1.197***	0.000295
	(-0.41)	(-15.71)	(0.26)
Lev	0.0378***	2.045***	0.0365***
	(5.62)	(4.29)	(5.41)
Roa	0.0439***	-0.412	0.0441***
	(3.60)	(-0.48)	(3.62)
State	-0.00960***	-0.550***	-0.00926***
	(-4.30)	(-3.47)	(-4.14)
Top1	0.0199**	-0.747	0.0204**
	(2.86)	(-1.51)	(2.92)

续表

	（1）	（2）	（3）
	Overinv	Sent	Overinv
Seperation	-0.0494***	-3.730***	-0.0471***
	（-3.88）	（-4.12）	（-3.69）
_cons	0.0540*	31.84***	0.0344
	（2.49）	（20.65）	（1.47）
N	2669	2669	2669
adj. R²	0.083	0.305	0.089

注：＊表示 p<0.1，＊＊表示 p<0.05，＊＊＊表示 p<0.01，括号里表示 t 值。

为了检验假设 H3c，本章采用"逐步检验法"，具体结果如表 5-7 所示：表 5-7 列（1）中，媒体正面报道对投资不足水平的系数为-0.00151，且在 5% 的水平上显著；表 5-7 列（2）中，媒体正面报道对投资者情绪的系数为 0.45，且在 1% 的水平上显著；表 5-7 列（3）中，媒体正面报道对投资不足水平的系数为-0.00141，在 5% 的水平上显著，且大于-0.00151；投资者情绪对投资不足水平的系数为-0.000219，且在 5% 的水平上显著，以上结果验证了投资者情绪的中介效应，表明媒体正面报道促使投资者情绪高涨，从而抑制了投资不足水平，支持了假设 H3c。

表 5-7　中介效应检验（三）

	（1）	（2）	（3）
	Underinv	Sent	Underinv
Weibo_pos	-0.00151**	0.450***	-0.00141**
	（-2.89）	（4.48）	（-2.70）
Sent	—	—	-0.000219**
			（-2.84）

	（1）	（2）	（3）
	Underinv	Sent	Underinv
Sale	0.00134*	−0.00931	0.00134*
	（2.00）	（−0.07）	（2.00）
Cash	0.0172***	1.168**	0.0175***
	（8.57）	（3.02）	（8.70）
Size	−0.00886***	−1.430***	−0.00918***
	（−26.64）	（−22.32）	（−26.20）
Lev	0.0223***	1.322***	0.0225***
	（11.50）	（3.55）	（11.64）
Roa	0.0266***	−2.087**	0.0262***
	（8.03）	（−3.26）	（7.89）
State	−0.000516	−0.558***	−0.000638
	（−0.80）	（−4.49）	（−0.99）
Top1	0.00432*	−0.767	0.00416*
	（2.08）	（−1.91）	（2.00）
Seperation	−0.00488	−2.520***	−0.00543
	（−1.25）	（−3.35）	（−1.39）
_cons	0.241***	36.45***	0.249***
	（35.37）	（27.83）	（33.80）
N	4548	4548	4548
adj. R²	0.350	0.263	0.351

注：* 表示 $p<0.1$，** 表示 $p<0.05$，*** 表示 $p<0.01$，括号里表示 t 值。

　　为了检验假设 H3d，本章采用"逐步检验法"，具体结果如表 5-8 所示：表 5-8 列（1）中，媒体负面报道对投资不足水平的系数为 0.00194，且在 1% 的水平上显著；表 5-8 列（2）中，媒体负面报道对投资者情绪的系数为-0.572,且在1%的水平上显著;表5-8列(3)中,媒体负面报道对投资不足水平的系数为0.00183,在1%的水平上显著,且小于0.00194;投资者情绪对投资不足水平的系数为-0.000196,且在10%的水平上显著,以上结果验证了投资者情绪的中介效应,表明媒体负面报道抑制了投资者情绪,从而促进了投资不足水平,支持了假设H3d。

表5-8 中介效应检验(四)

	(1)	(2)	(3)
	Underinv	Sent	Underinv
Weibo_neg	0.00194***	-0.572***	0.00183***
	(4.76)	(-7.31)	(4.46)
Sent	—	—	-0.000196*
			(-2.53)
Sale	0.00126	0.0142	0.00126
	(1.89)	(0.11)	(1.89)
Cash	0.0167***	1.302***	0.0170***
	(8.35)	(3.38)	(8.47)
Size	-0.00932***	-1.294***	-0.00958***
	(-27.26)	(-19.69)	(-26.89)
Lev	0.0227***	1.178**	0.0230***
	(11.77)	(3.17)	(11.88)
Roa	0.0266***	-2.085**	0.0262***
	(8.04)	(-3.27)	(7.91)
State	-0.000489	-0.566***	-0.000600
	(-0.76)	(-4.57)	(-0.93)
Top1	0.00422*	-0.738	0.00408*
	(2.03)	(-1.85)	(1.96)

续表

	（1）	（2）	（3）
	Underinv	Sent	Underinv
Seperation	−0.00478	−2.550***	−0.00528
	（−1.22）	（−3.40）	（−1.35）
_cons	0.249***	34.08***	0.255***
	（35.68）	（25.46）	（34.29）
N	4548	4548	4548
adj. R²	0.352	0.268	0.353

注：*表示 p<0.1，**表示 p<0.05，***表示 p<0.01，括号里表示 t 值。

四、稳健性检验

非效率投资作为被解释变量，衡量的准确性影响研究结论的可靠性。本书采用虚拟变量来度量投资过度与投资不足，如果投资过度，则 Overinv 取 1，否则取 0；如果投资不足，则 Underinv 取 1，否则取 0。根据表 5-9 的结果显示，稳健性检验的结果基本保持不变，进一步验证了本章的假设与结论。

表 5-9　多元回归稳健性检验

	（1）	（2）	（1）	（2）
	Overinv	Overinv	Underinv	Underinv
Weibo_pos	0.835***	—	−0.835***	—
	（20.26）		（−20.26）	
Weibo_neg	—	−0.285***	—	0.285***
		（−7.84）		（7.84）
Sale	0.248***	0.293***	−0.248***	−0.293***
	（4.26）	（5.21）	（−4.26）	（−5.21）

续表

	（1）	（2）	（1）	（2）
	Over_nv	Overinv	Underinv	Underinv
Cash	-0.859***	-0.749***	0.859***	0.749***
	（-4.41）	（-4.00）	（4.41）	（4.00）
Size	0.418***	0.551***	-0.418***	-0.551***
	（14.26）	（18.47）	（-14.26）	（-18.47）
Lev	-0.454*	-0.705***	0.454*	0.705***
	（-2.53）	（-4.04）	（2.53）	（4.04）
Roa	-0.594	-0.812**	0.594	0.812**
	（-1.91）	（-2.69）	（1.91）	（2.69）
State	-0.257***	-0.307***	0.257***	0.307***
	（-4.30）	（-5.28）	（4.30）	（5.28）
Top1	0.322	0.243	-0.322	-0.243
	（1.70）	（1.32）	（-1.70）	（-1.32）
Seperation	-0.522	-0.613	0.522	0.613
	（-1.49）	（-1.80）	（1.49）	（1.80）
_cons	-10.83***	-12.94***	10.83***	12.94***
	（-18.03）	（-21.27）	（18.03）	（21.27）
N	7217	7217	7217	7217
Pseudo-R^2	0.1169	0.0745	0.1169	0.0745

　　为了结论的稳健性，本章再次对投资者情绪的中介效应进行检验。检验结果如下表，检验结果不变，依然支持假设。

　　在表 5-10 至表 5-13 中，我们检验媒体态度对排放率投资的影响，以及媒体态度对投资者情绪的影响来考察结论的稳健性。此外，我们也将媒体态度与投资者情绪同时作为解释变量带入回归方程，以防止严重自相关导致的结论偏误。在表 5-10 中，当媒体态度与投资者情绪同时作为被解释变量时，Weibo_pos 的 t 值由列（1）的 20.06

下降到列（3）的 19.98，系数由 0.835 下降到 0.825，但仍在 1% 的
水平上显著为正。依据表 5-11 至表 5-13 所示，无论媒体态度单独
作为非效率投资的解释变量还是与投资者情绪共同作为解释变量，均
出现了 t 值与系数的绝对值小幅度降低的情况，但投资者正面态度与
投资过度、投资者负面态度与投资不足仍在 1% 的水平上显著正相关，
投资者负面态度与投资过度、投资者正面态度与投资过度仍在 1% 的
显著性水平上负相关。因此，我们的结论是稳健的。

表 5-10 中介效应稳健性检验（一）

	（1）	（2）	（3）
	Overinv	Sent	Overinv
Weibo_pos	0.835 ***	0.469 ***	0.825 ***
	（20.26）	（7.53）	（19.98）
Sent	—	—	0.0219 **
			（3.04）
Sale	0.248 ***	-0.0137	0.248 ***
	（4.26）	（-0.14）	（4.26）
Cash	-0.859 ***	1.094 ***	-0.880 ***
	（-4.41）	（3.55）	（-4.52）
Size	0.418 ***	-1.406 ***	0.449 ***
	（14.26）	（-29.99）	（14.39）
Lev	-0.454 *	1.711 ***	-0.500 **
	（-2.53）	（5.85）	（-2.77）
Roa	-0.594	-1.512 **	-0.565
	（-1.91）	（-2.95）	（-1.81）
State	-0.257 ***	-0.548 ***	-0.247 ***
	（-4.30）	（-5.60）	（-4.12）
Top1	0.322	-0.777 *	0.341
	（1.70）	（-2.49）	（1.80）

续表

	（1）	（2）	（3）
	Overinv	Sent	Overinv
Seperation	-0.522	-2.869***	-0.459
	（-1.49）	（-4.95）	（-1.31）
_cons	-10.83***	35.80***	-11.63***
	（-18.03）	（37.89）	（-17.63）
N	7217	7217	—
R²	0.1169	0.276	0.1179

注：＊表示 p<0.1，＊＊表示 p<0.05，＊＊＊表示 p<0.01，括号里表示 t 值。

表 5-11　中介效应稳健性检验（二）

	（1）	（2）	（3）
	Overinv	Sent	Overinv
Weibo_neg	-0.285***	-0.630***	-0.270***
	（-7.84）	（-10.49）	（-7.35）
Sent	—	—	0.0281***
			（3.97）
Sale	0.293***	0.0508	0.291***
	（5.21）	（0.53）	（5.17）
Cash	-0.749***	1.175***	-0.777***
	（-4.00）	（3.83）	（-4.13）
Size	0.551***	-1.197***	0.587***
	（18.47）	（-24.87）	（18.71）
Lev	-0.705***	1.401***	-0.755***
	（-4.04）	（4.81）	（-4.30）
Roa	-0.812**	-1.661**	-0.773*
	（-2.69）	（-3.26）	（-2.55）

续表

	（1）	（2）	（3）
	Overinv	Sent	Overinv
State	-0.307***	-0.590***	-0.293***
	(-5.28)	(-6.06)	(-5.04)
Top1	0.243	-0.693*	0.270
	(1.32)	(-2.23)	(1.47)
Seperation	-0.613	-3.037***	-0.529
	(-1.80)	(-5.25)	(-1.55)
_cons	-12.94***	31.96***	-13.88***
	(-21.27)	(32.94)	(-21.09)
N	7217	7217	7217
R^2	0.0745	0.283	0.0761

注：*表示 $p<0.1$，**表示 $p<0.05$，***表示 $p<0.01$，括号里表示 t 值。

表 5-12　中介效应稳健性检验（三）

	（1）	（2）	（3）
	Underinv	Sent	Underinv
Weibo_pos	-0.835***	0.469***	-0.825***
	(-20.26)	(7.53)	(-19.98)
Sent	—	—	-0.0219**
			(-3.04)
Sale	-0.248***	-0.0137	-0.248***
	(-4.26)	(-0.14)	(-4.26)
Cash	0.859***	1.094***	0.880***
	(4.41)	(3.55)	(4.52)
Size	-0.418***	-1.406***	-0.449***
	(-14.26)	(-29.99)	(-14.39)

续表

	（1）	（2）	（3）
	Underinv	Sent	Underinv
Lev	0.454*	1.711***	0.500**
	(2.53)	(5.85)	(2.77)
Roa	0.594	-1.512**	0.565
	(1.91)	(-2.95)	(1.81)
State	0.257***	-0.548***	0.247***
	(4.30)	(-5.60)	(4.12)
Top1	-0.322	-0.777*	-0.341
	(-1.70)	(-2.49)	(-1.80)
Seperation	0.522	-2.869***	0.459
	(1.49)	(-4.95)	(1.31)
_cons	10.83***	35.80***	11.63***
	(18.03)	(37.89)	(17.63)
N	7217	7217	7217
R^2	0.1169	0.278	0.1179

注：*表示 p<0.1，**表示 p<0.05，***表示 p<0.01，括号里表示 t 值。

表 5-13　中介效应稳健性检验（四）

	（1）	（2）	（3）
	Underinv	Sent	Underinv
Weibo_Neg	0.285***	-0.630***	0.270***
	(7.84)	(-10.49)	(7.35)
Sent	—	—	-0.0281***
			(-3.97)
sale	-0.293***	0.0508	-0.291***
	(-5.21)	(0.53)	(-5.17)

续表

	（1）	（2）	（3）
	Underinv	Sent	Underinv
cash	0.749***	1.175***	0.777***
	（4.00）	（3.83）	（4.13）
size	-0.551***	-1.197***	-0.587***
	（-18.47）	（-24.87）	（-18.71）
lev	0.705***	1.401***	0.755***
	（4.04）	（4.81）	（4.30）
roa	0.812**	-1.661**	0.773*
	（2.69）	（-3.26）	（2.55）
state	0.307***	-0.590***	0.293***
	（5.28）	（-6.06）	（5.04）
top1	-0.243	-0.693*	-0.270
	（-1.32）	（-2.23）	（-1.47）
seperation	0.613	-3.037***	0.529
	（1.80）	（-5.25）	（1.55）
_cons	12.94***	31.96***	13.88***
	（21.27）	（32.94）	（21.09）
N	7217	7217	7217
R^2	0.0761	0.283	0.0745

注：* 表示 $p<0.1$，** 表示 $p<0.05$，*** 表示 $p<0.01$，括号里表示 t 值。

第五节　本章结论

网络媒体关注、投资者情绪及其交互作用对非效率投资的影响是经济管理学科关注的基本问题。本章以 2011～2017 年中国 A 股非金融类上市公司为样本，考查网络媒体关注对非效率投资影响的微观机制，以及投资者情绪对网络媒体关注影响非效率投资的中介效应。研究结果表明，媒体正面报道可以降低信息不对称程度，促使投资者情绪高涨，从而提高过度投资水平，抑制投资不足水平；媒体负面报道可以抑制投资者情绪，从而抑制投资过度，促进投资不足。

　　本章的研究结论对于媒体发展、投资者以及投资决策等方面都具有一定的启示作用。

　　首先，在媒体发展方面，应当充分重视网络媒体对社会乃至资本市场发展重要的影响力。虽然媒体肩负监督舆情的神圣职责，但其基本使命依然是传播信息。充分发挥网络媒体在信息传播方面的新型技术特点，深化资本市场信息传播的网络化水平。现代经济越来越离不开媒体作为信息传送的载体，无论是信息披露、监督公司治理行为，还是普及投资知识，媒体关注都对稳定投资者情绪发挥了积极作用，但其存在的问题也不容忽视，如异常媒体关注、部分报道失真、媒体分歧，这些问题使媒体关注在投资者情绪变化过程中至少起了催化作用。为了更好地推进资本市场发展，确保信息的真实性和及时性，稳定投资者情绪，有必要对媒体进行监督管理。下面从法律制度、媒体市场发展等方面提出相应的建议，以完善媒体关注对投资者情绪的影响机制。第一，完善立法，加强对虚假信息的处罚力度。应该从法律层面来减轻虚假信息对投资者利益造成的恶劣影响，保证新闻报道的客观性和真实性，便于投资者最初合理预期，缩小乐观情绪偏差。第二，营造良好的媒体市场竞争氛围。应该鼓励新闻媒体尽可能多地报道有关证券市场的各方面信息，而不是只关注热门公司和热门股票，这样既保证投资者能获取所需信息，也避免了异常媒体关注造成的不良影响，促进了媒体市场的良性发展。第三，完善公众的监督职能。通过社会公众的监督对新闻媒体施加压力，促使媒体为维护良好的社会声誉而积极提供完整有效的真实信息，获得社会的肯定以及公众的持续关注。

　　其次，作为媒体信息使用者，企业管理层面对大量的媒体报道，应理性分析投资行为。投资者应提高自身素质，学会鉴别媒体报道的真伪，从中提炼出对自己有用的信息，做出合理的投资决策。投资者应该理性对待媒体的相关报道尤其是正面报道，进行合理投资。当大量的媒体报道尤其是正面报道出现时，企业管理者要避免由于盲目过度自信而高估项目的收益，应理性分析项目的收益和风险。强化声誉机制，加强自身建设，增强社会公信力，发挥社会与企业共同的监督与治理作用。企业经营管理者也要增强声誉意识，通过媒体监督规范企业和个人的行为，对媒体的报道，无论是正面还是负面新闻，都做出积极回应，提高公司自身价值。

最后，媒体对投资效率的影响既有积极的一面，也有不尽如人意的地方。一方面，媒体报道能够缓解企业投资不足程度，另一方面，媒体报道也会使企业加剧过度投资程度，因此，媒体报道对企业投资效率的影响是"双刃剑"的作用。媒体对投资效率的负面影响究其原因，不难发现，由于媒体为了追求所谓的"轰动效应"，会使报道存在报道偏差。因此，公司需要在严格执行公司投资决策管理机制的基础上，建立一套健全的投资决策责任制，使高管为投资成本的巨亏担责。

第六章

社会网络媒体、投资者情绪与股价崩盘

第一节　引言

股价暴跌，也被有些学者称为股价崩盘。它是指股票价格毫无征兆的断崖式下跌现象，不仅会使投资者财富遭受损害，也使市场参与者失去投资信心，甚至危及我国实体经济和资本市场的平稳发展（王化成等，2015）。就股价暴跌风险现有研究的本质而言，大多数文献的核心思想是基于信息披露视角展开的，即内部人对坏消息的隐匿使股票价格无法根据现实状况及时调整，当坏消息无法继续隐藏而集中释放时就会造成"股价暴跌"（Jin and Myers，2006）。根据这一思路，学者们从信息质量的角度对股价暴跌风险进行了大量研究，例如企业避税（Kim et al.，2011a；江轩宇，2013）、高管性别（李小荣、刘行，2012）、分析师利益冲突与乐观偏差（许年行等，2012）、企业社会责任（权小锋等，2015；Kim et al.，2014）、会计稳健性（Kim and Zhang，2016）、独立董事制度（梁权熙、曾海舰，2016）、大股东持股比例（王化成等，2015）、审计师专长（江轩宇、伊志宏，2013）、审计费用（万东灿，2015）、机构投资者（曹丰，2015；An and Zhang，2013）、内部控制信息披露（叶康涛，2015）、非效率投资（江轩宇、许年行，2015）、高管激励（Kim et al.，2011b）、媒体报道（罗进辉、杜兴强，2014）。上述研究的主要思路是"影响因素"通过提高（或降低）企业对外部人的"坏消息"隐匿程度或从根本上增加（或减少）了企业的坏消息，进而影响股价暴跌风险，因此研究的角度本质上属于信息质量观。此外，也有部分学者从市场交易、宏观环境层面考察了内部人抛售（吴战篪、李晓龙，2015）、货币政策与流动性（代冰彬、岳衡，2015）、羊群行为（许年行等，2013）、融资融券制度（褚剑、方军雄，2016）对股价暴跌风险的影响。然而目前鲜有学者基于"行为金融"视角考察网络媒体通过投资者情绪对股价暴跌风险的影响。

　　经典金融学理论认为交易者是理性的，市场参与者在投资活动中会对金融资产做出合理的价值评估，即便市场上存在非理性交易者，由于他们的行为是随机的，非理性后果会得到抵消，因此股票价格不会受到有限理性影响。在某些情况下非理性交易者可能会犯同样的错误，但理性套利者往往会消除他们对股票价格的影响。因此，股票的价格等于其内在价值，投资者的有限理性不会影响股价暴跌风险（Shleifer，2000）。行为金融则认为，理性交易者的套利行为需要执行成本并伴随基本面风险、模型风险及噪声交易者风险（Barberis and Thaler，2003）。套利行为需要卖空或买入金融资产，而许多市场对卖空行为具有诸多限制，金融资产买卖也会产生交易成本。因此套利行为并不能完全消除市场噪音导致的股票错误估价（张峥、徐信忠，2006）。错误估价使股票价格偏离实际价值，在价格向价值回归的过程中极易出现股价"暴涨""暴跌"。

　　另外，随着财务学和传播学的跨学科融合，媒体关注领域也积累了大量优秀文献。与以往公司治理、公司财务领域媒体监督的观点不同（Dyck et al.，2008），媒体关注于资本市场领域同时讨论了媒体的正面效应（熊艳等，2014；孙鲲鹏、肖星，2018）与负面效应（游家兴、吴静，2012；熊艳等，2014；邵新建等，2015）。从指标的选择来看，早期研究单纯考虑媒体关注度（媒体报道数量），而近年学者开始考虑使用媒体态度和媒体报道深度等信息含量更大的指标。从媒体类型来看，该领域的研究以电视（Takeda and Yamazaki，2006）、报纸、网络新闻（罗进辉、杜兴强，2014）等传统媒体为主，较少地关注互动性更强的网络媒体，如微博、微信等。自互联网进入 Web 2.0 时代，以网络媒体为代表的互联网产品逐渐渗透到人们的生活，网民承担了信息创造与信息浏览的双重职能。用户创造内容 UGC 成为投资者获取信息的重要渠道，投资者可以通过财经博主及微信公众号关注股票市场消息及投资动向。网络媒体使网民可随时随地发布、传阅内容，同时也为学者们提供了发展财务学、行为金融学的数据基础，通过从海量用户创造内容中挖掘投资者行为模式，进而对投资者行为进行全面剖析和理解，这也为本章的研究进一步地提供了数据基础。

既然资本市场是非完全有效的，投资者是有限理性的，那么网络媒体态度就可能通过影响投资者情绪进而影响股票价格。投资者情绪是指投资者基于错误观念及噪音信息对资产收益产生的一种错误预期，可以简要概括为投资者对市场表现的过度乐观或悲观（Brown and Cliff，2004；蒋玉梅、王明照，2010）。现有文献表明投资者情绪对资产误定价（张静等，2018）、IPO 定价（宋顺林、唐斯圆，2016）、定向增发折价（卢闯、李志华，2011）、股票收益（Brown and Cliff，2004、2005）均有显著影响，在我国，投资者情绪已成为影响我国股票均衡价格的系统性因子（王美今、孙建军，2004）。本章认为网络媒体的正面报道会导致投资者情绪过度乐观进而推高股票价格，当股票价格向上偏离价值时，即存在股价向下回归的压力，进而加大了未来的股价暴跌风险。中国股市作为新兴市场，与发达国家的成熟市场相比有效性较差，以个人投资者为主体的投资群体使中国股市具有更强的心理特征及过度反映现象，投机成分较高、投资理念不够成熟，基本面分析与价值投资意识薄弱，这极易产生羊群效应和过度反应，但也为检验行为金融理论提供了很好的实证基础。

基于上述思考，本章从非完全有效市场和有限理性的行为金融学视角出发，以 2011~2017 年我国 A 股上市公司为样本，考察了网络媒体、投资者情绪与股价暴跌风险三者之间的关系，并通过社交媒体中的转发、评论及点赞数据刻画情绪传染变量，考察其对上述关系的调节作用。研究结果表明：网络媒体的正面报道会导致投资者情绪过度乐观进而加大了未来的股价暴跌风险；投资者对媒体正面报道的转发、评论及点赞可正向调节媒体态度与股价暴跌风险的关系，这说明我国投资者的非理性行为在网络媒体中存在情绪传染效应；在进一步研究中，本章考察了网络媒体是否具有以及在什么情况下具有股价暴跌风险抑制作用，研究结果表明媒体保持态度平稳可显著降低未来的股价暴跌风险。

本章的潜在研究贡献主要体现在以下几个方面：第一，与金融学领域的研究相比，财务学的主要文献认为媒体是除立法、司法、行政外的第四权力，可对公司财务、公司治理发挥非正式监督作用，对媒体报道的负面效应关注度不足，本章的研究对上述文献进行了补充；第二，本章的研究对于全面认识网络媒体在我国资本市场中的作用，认识我国市场规律，进一步完善市场以及如何降低我国股价暴跌风险，促进股票市场平稳发展、稳定股票价格具有重要的理论和实践意义；第三，本章通过 Python 语言编写网络爬虫程序，并对采集的微博正文进行文本挖掘，通过实证检验在社交媒体上为行为金融学"资本市场非完全有效""投资者有限理性"找到了更多证据。

本章内容安排如下：第一节为引言；第二节是理论分析与研究假设；第三节是研究设计；第四节是实证检验；第五节是进一步研究；第六节是稳健性检验；第七节是结论。

第二节　理论分析与研究假设

Samuelson（1965）首次提出有效市场假说，随后 Fama（1970）给出经典定义，即价格总是反映全部可获得信息的市场被称为有效市场。他同时定义了有效市场的三种类型：第一，弱式有效市场，即价格反映了所有可获得的历史信息；第二，半强式有效市场，即价格不仅反映了所有可获得的历史信息，还反映了所有可获得的公开信息；第三，强式有效市场，即价格反映了所有与其有关的历史信息、公开信息和非公开信息。实际上，有效市场建立在三个逐渐放宽的假设之上：第一，投资者是理性的；第二，非理性交易者之间的行为是随机的，因此他们对价格的影响可以相互抵消；第三，即便非理性交易者使资产价格偏离内在价值，但市场中的套利者会消除前者对价格的影响（Shleifer，2000；张峥、徐信忠，2006；张强等，2007）。

随着金融学实证研究的深入，市场异象使有效市场假说受到挑战。按照弱有效市场的观点，投资者无法根据历史数据构建投资组合获得超额利润，但 Thaler 和 Bondt（1985）通过实证研究发现，未来的长期股票收益与历史长期累计股票收益负相关，即"长期反转"；Jegadeesh 和 Titman（1993）研究发现中期股票收益与中期历史累计收益正相关，即"中期惯性"。投资者基于此可构建投资组合获得超额利润。在事件研究方面，Bernard 和 Thomas（1989）发现，股价对盈余公告存在"反应不足"和"反应过度"现象。此外，De Long 和 Shleifer（1990）提出的噪声交易者模型（DSSW）也指出套利行为对资产价格的修正作用有限，投资者情绪形成了影响资产价格均衡的系统性风险。由于套利需要成本并充满风险，因此套利行为对非理性后果的消除与资产误定价的修正是有限度的（Shleifer and Vishny，1997；Barberis and Thaler，2003）。尤其在我国，资本市场不够成熟，消费者的情绪特征十分明显，信息不对称、制度不健全、羊群效应、认知偏差以及市场噪音和内幕交易者的存在，使我国资本市场有效性较西方发达国家还有一定距离，对卖空的限制也导致"有限套利"现象更为严重。王美今和孙建军（2004）的研究也表明，我国沪深两市均未达到弱式有效。上述种种证据均不可否认市场噪音及投资者情绪对均衡价格具有重要影响。

既然资本市场是非完全有效的，投资者是有限理性的，那么网络媒体中的信息是否构成了影响资产价格均衡的系统性风险？行为金融学强调了人类心理认知在经济决策中的作用，市场中的无限信息与投资者有限的注意力形成一对矛盾（Merton and Robert，1987；Bhatta-charya et al.，2009；Tversky and Kanheman，1974），媒体恰好成为投资者了解宏观环境、上市公司经营状况的信息来源之一。按照 Lazarsfeld 等（1944）提出的两级传播模型，即信息的扩散需要经过信息源传递至意见领袖（Opinion Leader）、意见领袖再传递至大众两个阶段。其中，第一阶段是信息传达的过程，第二阶段是信息扩散的过程。网络媒体作为信息渠道，拥有大量关注者的财经媒体作为资本市场的意见领袖，其言论往往会影响投资者的决策。但媒体的态度难以中立，在市场利润的趋势下，媒体的商业价值正在逐渐取代其传统价值（游家兴、吴静，2012）。传播学与经济学的现有研究表明：第一，媒体具有偏见，媒体的偏见可能导致断章取义，表现出与事实不符的态度倾向（Mullainathan and Shleife，2005；Gentzkow and Shapiro，2006；托马斯·梅耶，2009）；第二，为了吸引受众，媒体在叙述过程中往往会注入更多情感、过分渲染，从而引人入胜（Shoemaker and Reese，1996）。此外，邵新建等（2015）还指出媒体报道不仅存在主观偏差及读者信念迎合现象，甚至受到企业的利益输送而增加正面报道帮助企业"打广告"。由于阅读量、粉丝量与网络媒体高度相关，"软广告"肆虐现象已使社交媒体商业化现象尤为严重。此外，资本市场的大量信息与投资者的有限精力形成一对矛盾，心理学认为人们在解决问题的过程中往往采用启发式的认知方式。例如，投资者可能会抓住事物的主要特征进行推断，而不考虑与其相关的其他因素，这可能会导致严重的认知偏差（Tversky and Kanheman，1974）。投资者基于有限的认知过程可能会因网络媒体正面报道而表现出情绪高涨及过度乐观，尤其是媒体的过度吹捧导致了投资者过度自信及投机倾向。投资者的追涨情绪、决策偏差及非理性交易会推高股价，导致股票价格偏离公司价值，而这种不合理的正向误估价无法永远持续，在未来有向下回归的压力，如果短期内市场对过高的股票误定价进行修正，就会出现股价暴跌。基于上述分析，本章提出假设1：

假设1：网络媒体的正面态度与未来的股价暴跌风险正相关，并且媒体态度对股价暴跌风险的影响在一定程度上是通过影响投资者的情绪传导的。

随着传播学与心理学的融合，相关研究指出人的情绪在不知情的情况下会受他人情绪影响，并与对方表现出情绪一致的现象，即情绪传染。例如，幸福感、抑郁感、孤独感会随着人与人之间的接触在朋友、夫妻、家人间进行相互传染，并随着社交网络蔓延（Fowler and Christakis，2009，2011；Cacioppo et al.，2009；Rosenquist et al.，2011）。同时，张少群等（2016）通过实证研究发现，在网络媒体中，用户的情绪会被其所关注的好友传染，即便对方并非熟人。投资者在网络媒体上并非信息孤岛，其往往通过评论、转发功能进行互动与交流，通过点赞方式表达对意见领袖观点的认可。这些信息的交互不仅以增加微博"热度"的方式扩大了信息的传播范围，同时使意见领袖的观点不断被重复、放大，最终引发投资者情绪一致的现象，即情绪传染。当少数投资者情绪不断演化为系统性的群体认知偏差，进而引发盲目追风和羊群效应等更为严重的投资者非理性行为趋同现象，这无疑会导致更高程度的股票误定价，从而进一步加大了网络媒体对股价暴跌风险的影响。基于此，本章提出假设2：

假设2：投资者对网络媒体财经博主的转发、评论及点赞会加大媒体态度对股价暴跌风险的影响，即投资者情绪在网络媒体上存在传染效应。

第三节 研究设计

一、样本数据

本章选择的样本为2011~2017年存在网络媒体关注的沪深两市A股上市公司，为解决内生性问题，借鉴游家兴和吴静（2012）的研究采用领先—滞后法，实际观察期为六年。网络媒体数据通过Python语言编写网络爬虫采集于新浪微博，其余数据来自于CSMAR数据库。其中，新浪微博创立于2009年8月，在2010年10月用户突破5000万，故本章将2011年初确定为观察期起点。

为了保证检验结果的稳健性，本章对数据进行了以下处理：①剔除ST企业及PT企业；②剔除金融业上市公司；③为降低计算股价暴跌风险实证研究指标过程中的估计偏误，剔除每年交易周数小于30的企业（Jin and Myers，2006；许年行等，2012）；④剔除存在缺失值的样本；⑤在1%与99%分位数对所有连续型变量进行缩尾处理，以降低极端值对统计估计的影响。经上述处理，最终得到7629条非平衡面板数据。考虑到本章使用的面板数据期限较短且截面个数较多，为了克服异方差、自相关等问题对统计推断的影响，本章借鉴 Petersen（2009）的方法在公司层面进行聚类调整。

二、变量定义

1. 股价暴跌风险

借鉴 kim 等（2011a，2011b）、伊志宏等（2019）以及 Chen 等（2001）的方法，通过收益偏态系数（NCSKEW）和收益上下波动比率（DUVOL）两个指标衡量个股股价暴跌风险。计算过程如下：

第一步，对股票 i 的周收益率数据进行回归，求股票 i 在第 t 周的公司特有收益为：$W_{i,t} = \ln (1 + \varepsilon_{i,t})$。

$$R_{i,t} = \alpha_i + \beta_1 R_{m,t-2} + \beta_2 R_{m,t-1} + \beta_3 R_{m,t} + \beta_4 R_{m,t} + 1 + \beta_5 R_{m,t} + 2 + \varepsilon_{i,t} \quad (6-1)$$

其中，$R_{i,t}$ 为股票 i 第 t 周考虑现金红利再投资的收益率，$R_{m,t}$ 为第 t 周市场所有股票的流通市值加权平均收益率。在方程（6-1）中，为调整股票非同步性交易的影响（Dimson，1979），加入了市场收益的滞后项和超前项。

第二步，根据特有收益 $W_{i,t}$ 构造如下两个变量：

（1）收益偏态系数 NCSKEW：

$$NCSKEW_{i,t} = [-n (n-1)^{3/2} \Sigma W_{i,t}^3] / [(n-1)(n-2)(\Sigma W_{i,t}^2)^{3/2}] \quad (6-2)$$

其中，n 为股票 i 每年的交易周数。NCSKEW 的数值越大，则偏态系数负的程度越严重，即崩盘风险越大。

（2）收益上下波动比率 DUVOL：

$$DUVOL_{i,t} = \log \{ [(n_u - 1) \Sigma_{Down} W_{i,t}^2] / [(n_d - 1) \Sigma_{Up} W_{i,t}^2] \} \quad (6-3)$$

其中，n_u（n_d）为股票 i 的周特有收益 $W_{i,t}$ 大于（小于）年平均收益的周数。DUVOL 的数值越大，代表收益率分布更倾向于左偏，即崩盘风险越大。

2. 网络媒体态度

本部分内容同本书第三章（第 29 页）。

3. 投资者情绪与情绪传染

关于投资者情绪的度量方法，按照指标性质和测度方法划分，可以分为直接指标和间接指标。

直接指标是通过发放问卷调查投资者对市场或个股的看法而整理的看盘数据等，具体包括：看盘数据（张强等，2007；王美今、孙建军，2004）、华鼎多空民意调查（余佩琨、钟瑞军，2009）、好淡指数（程昆、刘仁和，2005）、投资者智能指数（Brown and Cliff, 2004）、消费者信息指数（薛斐，2005）。直接指标的优点是直观、简明，噪音较小。但也有学者指出，以发放问卷等形式获取的直接指标可能出现内容失真等问题，因为投资者在实际决策中要比接受调查时表现得更谨慎（Statman，2000）。

间接指标是选取市场公开数据作为投资者情绪的代理变量，具体包括：封闭式基金折价率（Robert and Wheatley，1998；伍燕然、韩立岩，2007）、IPO 数量及首日收益率（Ljungqvist and Jr，2003）、股权发行比率、共同基金净赎回（Robert and Wheatley，1998）、交易量（Baker and Wurgler，2006）、换手率（张静等，2018）、红利溢价率、新增开户数、托宾 Q 值等（Goyal and Yamada，2004；翟淑萍等，2017）等。此外还有学者利用主成分分析法或正交处理等将间接指标构造为综合性的投资者情绪并以此进行实证研究（宋顺林、唐斯圆，2016）。间接指标更能准确地衡量投资者情绪，因为市场数据反映的是投资者实际做了什么而非说了什么，也不存在问卷调查过程中的代表性偏差。此外，间接指标具有更好的数据连续性及更长的时间跨度（蒋玉梅、王明照，2010）。

基于上述分析，本章通过分解间接指标 Tobin's Q 的方式刻画个股层面投资者情绪的替代变量（Goyal and Yamada，2004；翟淑萍等，2017），具体计算方法如式（6-4）：

$$Q_{i,t} = \beta_0 + \beta_1 Size_{i,t} + \beta_2 Lev_{i,t} + \beta_3 Roe_{i,t} + \beta_4 Growth_{i,t} + \varepsilon_{i,t} \qquad (6-4)$$

其中，被解释变量是 Tobin's Q，通过回归方程将其分解为与未来投资机会相关和与投资者情绪引致的资产误定价两部分，将描述上市公司基本面因素的企业规模、资产负债率和净资产收益率以及主营业务收入增长率作为自变量进行线性回归，随机扰动项 $\varepsilon_{i,t}$ 即为公司层面的投资者情绪的替代变量 $Sent_{i,t}$。

关于情绪传染变量 Infect，心理学与传播学的现有研究表明情绪可以通过转发、评论等互动行为在社交网络蔓延（张少群等，2016）。此外，转发、评论、点赞还可通过增加博文热度，将其推上微博头条，进而引发更大规模的投资者情绪一致化现象。因此情绪传染 Infect 变量定义如下：

$$Infect = Ln（转发数、评论数、点赞数 + 1） \qquad (6-5)$$

三、其他变量定义

根据现有文献，控制变量如下：①公司特有收益率 Ret；②公司特有收益率的标准差 Sigma；③月超额换手率 Turnover；④会计信息透明度 Abacc；⑤企业规模 Size；⑥资产负债率 Lev；⑦总资产收益率 Roa；⑧市值账面比 BM；⑨上期的收益偏态系数（NCSKEW）。变量定义如表 6-1 所示：

表 6-1　变量定义

变量类型	变量名称	变量符号	定义
被解释变量	负收益偏态系数	NCSKEW	NCSKEW 越大，股价暴跌风险越大。计算过程见式（6-2）
	收益上下波动比率	DUVOL	DUVOL 越大，股价暴跌风险越大。计算过程见式（6-3）

续表

变量类型	变量名称	变量符号	定义
解释变量	微博态度	Weibo_Pos	Weibo_Pos 越大，则网络媒体对上市公司的报道越正面。通过机器学习与 Python SnowNLP 类库计算判定媒体态度类别，Weibo_Pos＝正面报道数/（正面报道数＋负面报道数）
中介变量	投资者情绪	Sent	Sent 越大，则投资者情绪越高涨。计算过程见式（6-4）
调节变量	情绪传染	Infect	Infect 越大，说明情绪传染效应越大。Infect＝Ln（转发数、评论数、点赞数+1）
控制变量	公司特有收益率	Ret	股票 i 第 t 年的平均周特有收益率
	公司特有收益率的标准差	Sigma	股票 i 第 t 年周特有收益率的标准差
	月超额换手率	Turnover	股票 i 第 t 年的月平均换手率与 t-1 年的月平均换手率之差
	会计信息透明度	Abacc	用可操纵性应计利润的绝对值进行替代，由修正后的 Jones 模型计算得到（Dechow et al.，1995）
	企业规模	Size	企业总资产的自然对数
	资产负债率	Lev	企业的总负债/总资产
	总资产收益率	Roa	企业净利润/总资产
	市值账面比	BM	企业的账面价值/市场价值

四、模型设计

为验证假设 1，构造模型（6-6）至模型（6-8）：

$$CrashRisk_{i,t} = \beta_0 + \beta_1 Weibo\_Pos_{i,t-1} + \beta_2 Times_{i,t-1} + \beta_3 NCSKEW_{i,t-1} +$$
$$\beta_4 Ret_{i,t-1} + \beta_5 Sigma_{i,t-1} + \beta_6 Turnover_{i,t-1} + \beta_7 Abacc_{i,t-1} +$$

$$\beta_8 Size_{i,t-1} + \beta_9 Lev_{i,t-1} + \beta_{10} Roa_{i,t-1} + \beta_{11} BM_{i,t-1} + \varepsilon_{i,t}$$

$$(6-6)$$

其中，下标 i、t 分别代表企业和年度，股价暴跌风险分别由第 t 年的 NCSKEW 和 DUVOL 来度量。若系数 β_1 显著为正，则说明网络媒体正面报道会增大上市公司未来的股价暴跌风险。

$$Sent_{i,t} = \alpha_0 + \alpha_1 Weibo\_Pcs_{i,t-1} + \alpha_2 Times_{i,t-1} + \alpha_3 NCSKEW_{i,t-1} +$$

$$\alpha_4 Ret_{i,t-1} + \alpha_5 Sigma_{i,t-1} + \alpha_6 Turnouver_{i,t-1} + \alpha_7 Abacc_{i,t-1} +$$

$$\alpha_8 Size_{i,t-} + \alpha_9 Lev_{i,t-1} + \alpha_{10} Roa_{i,t-1} + \alpha_{11} BM_{i,t-1} + \varepsilon_{i,t} \quad (6-7)$$

$$CrashRisk_{i,t} = \gamma_0 + \gamma_1 Weibo\_Pos_{i,t-1} + \gamma_2 Sent_{i,t} + \gamma_3 Times_{i,t-1} +$$

$$\gamma_4 NCSKEW_{i,t-1} + \gamma_5 Ret_{i,t-1} + \gamma_6 Sigma_{i,t-1} +$$

$$\gamma_7 Turnouver_{i,t-1} + \gamma_8 Abacc_{i,t-1} + \gamma_9 Size_{i,t-1} + \gamma_{10} Lev_{i,t-1} +$$

$$\gamma_{11} Roa_{i,t-1} + \gamma_{12} BM_{i,t-1} + \varepsilon_{i,t} \quad (6-8)$$

在模型（6-7）中，若微博正面态度可使投资者情绪过度乐观，则系数 α_1 显著为正。在此前提下，考察模型（6-8）中 γ_1 与 γ_2 是否显著。若 γ_1 与 γ_2 均显著为正且通过 Sobel 检验，则存在部分中介效应；若 γ_2 显著为正，但 γ_1 不显著且通过 Sobel 检验，则存在全部中介效应。Sobel 检验的做法是计算统计量 $z = \alpha_1 \gamma_1 / S_{\alpha_1 \gamma_1}$ 并与临界点进行判断，其中 $S_{\alpha_1 \gamma_1} = [(\alpha_1)^2 (S_{\gamma_1})^2 + (\gamma_1)^2 (S_{\alpha_1})^2]^{1/2}$，$S_{\gamma_1}$ 和 S_{α_1} 分别是 γ_1 和 α_1 的标准误。

为检验假设 2，构造模型（6-9）：

$$CrashRisk_{i,t} = \beta_0 + \beta_1 c\_Weibo\_Pos_{i,t-1} + \beta_2 c\_Infect_{i,t-1} +$$

$$\beta_3 c\_Weibo\_Pos_{i,t-1} \times c\_Infect_{i,t-1} + \beta_4 Times_{i,t-1} +$$

$$\beta_5 NCSKEW_{i,t-1} + \beta_6 Ret_{i,t-1} + \beta_7 Sigma_{i,t-1} +$$

$$\beta_8 Turnouver_{i,t-1} + \beta_9 Abacc_{i,t-1} + \beta_{10} Size_{i,t-1} + \beta_{11} Lev_{i,t-1} +$$

$$\beta_{12} Roa_{i,t-1} + \beta_{13} BM_{i,t-1} + \varepsilon_{i,t} \quad (6-9)$$

在模型（6-9）中，对自变量 $Weibo\_Pos_{i,t-1}$ 和调节变量 $Infect_{i,t-1}$

进行去中心化处理，去中心化后的变量分别以 c_ Weibo_ Pos$_{i,t-1}$和 c_ Infect$_{i,t-1}$表示。若交乘项的系数 β_3 显著为正，则假设 2 得到验证。

第四节　实证检验

一、描述性统计

变量的描述性统计如表 6-2 所示：第一，收益偏态系数 NCSKEW$_t$ 和收益上下波动比率 DUVOL$_t$ 的均值分别是 -0.0962 和 -0.027，标准差分别是 0.96 和 0.87，说明不同上市公司的股价暴跌风险差异较大；第二，媒体态度 Weibo_ Pos$_{t-1}$ 的最小值、最大值和均值分别是 0、1 和 0.455，标准差是 0.408，说明对于不同上市公司，网络媒体在报道过程中具有态度差异；投资者情绪 Sent$_{t-1}$ 的最小值和最大值分别是 -0.59 和 1.423，说明在本章样本中存在投资者情绪过度悲观和过度乐观现象；情绪传染变量 Infect$_{t-1}$ 的均值和标准差分别是 3.767 和 2.187，说明情绪传染强度在不同样本公司中差异较大。

表 6-2　描述性统计

变量名	样本数	最小值	中位数	均值	最大值	标准差
NCSKEW$_t$	7629	-2.725	-0.121	-0.0962	2.14	0.96
DUVOL$_t$	7629	-2.206	-0.0839	-0.027	2.22	0.87
Weibo_ Pos$_{t-1}$	7629	0	0.5	0.455	1	0.408
Sent$_{t-1}$	7629	-0.59	-0.0439	0.0172	1.423	0.373
Infect$_{t-1}$	7629	0	3.784	3.767	9.347	2.187
NCSKEW$_{t-1}$	7629	-2.725	-0.284	-0.270	2.140	0.919

续表

变量名	样本数	最小值	中位数	均值	最大值	标准差
Ret_{t-1}	7629	-0.0194	-0.00141	-0.00072	0.0272	0.00761
$Sigma_{t-1}$	7629	0.0198	0.0489	0.0528	0.127	0.0204
$Turnover_{t-1}$	7629	-1.86	-0.032	-0.0944	0.995	0.463
$Abacc_{t-1}$	7629	0.000603	0.0341	0.0486	0.264	0.0482
$Size_{t-1}$	7629	20.09	22.13	22.33	26.27	1.307
Lev_{t-1}	7629	0.0483	0.436	0.438	0.872	0.212
Roa_{t-1}	7629	-0.109	0.0361	0.0421	0.189	0.0466
BM_{t-1}	7629	0.1	0.616	0.965	5.244	0.981

二、回归分析

1. 媒体态度、投资者情绪与股价暴跌风险

表6-3报告了在控制行业和年度固定效应的情况下模型（6-6）至模型（6-8）的回归结果。在列（1）及列（2）估计参数中，以收益偏态系数NCSKEW或收益上下波动比率DUVOL衡量股价暴跌风险时，核心自变量网络媒体态度Weibo_Pos的系数均在1%的水平上显著为正，说明网络媒体的正面报道提高了未来的个股股价暴跌风险。罗进辉和杜兴强（2014）以媒体对上市公司的报道次数作为实证研究指标，得出的"媒体报道"具有股价暴跌风险抑制作用，这与本章的结论有所差异，本章初步认为这种差异可能是由网络媒体与传统媒体的差异导致，另外本章的实证研究指标为媒体态度而非媒体关注度。在进一步的研究中，本章将通过实证检验考察网络媒体是否也具有以及在什么情况下具有风险抑制作用。此外，Ret、Size以及BM等其他控制变量与股价暴跌风险显著相关，这与Chen等（2001）的研究结论一致。

在列（3）估计参数中，媒体态度 Weibo_Pos 的系数在 5% 的显著性水平上为正，说明网络媒体态度越正面，则投资者情绪越乐观。在列（4）及列（5）估计参数中，媒体态度 Weibo_Pos、投资者情绪 Sent 均与股价暴跌风险（NCSKEW 或 DUVOL）显著正相关，并通过了 Sobel 检验（$Z_1 = 2.23 > 0.91$，$Z_2 = 2.23 > 0.91$），这说明投资者情绪的中介效应成立，假设 1 得到验证，即网络媒体的正面态度通过影响投资者情绪加大了未来的股价暴跌风险。

表 6-3 媒体态度、投资者情绪与股价暴跌风险

	（1）	（2）	（3）	（4）	（5）
	$NCSKEW_{i,t}$	$DUVOL_{i,t}$	$Sent_{i,t-1}$	$NCSKEW_{i,t}$	$DUVOL_{i,t}$
$Weibo\_Pos_{i,t-1}$	0.586***	0.505***	0.0163**	0.583***	0.502***
	(0.0268)	(0.0236)	(0.00724)	(0.0268)	(0.0236)
$Sent_{i,t-1}$	—	—	—	0.200***	0.208***
				(0.0394)	(0.0362)
$NCSKEW_{i,t-1}$	0.0684***	0.0566***	0.0414***	0.0601***	0.0479***
	(0.0138)	(0.0124)	(0.00408)	(0.0140)	(0.0125)
$Ret_{i,t-1}$	6.176***	4.088***	8.099***	4.557**	2.404
	(1.757)	(1.579)	(0.642)	(1.790)	(1.610)
$Sigma_{i,t-1}$	1.259*	1.052	5.126***	0.234	-0.0137
	(0.726)	(0.641)	(0.291)	(0.766)	(0.675)
$Turnover_{i,t-1}$	-0.0229	-0.0197	-0.0501***	-0.0129	-0.00924
	(0.0257)	(0.0232)	(0.00875)	(0.0258)	(0.0233)
$Abacc_{i,t-1}$	0.206	0.150	0.290***	0.148	0.0895
	(0.220)	(0.195)	(0.0865)	(0.219)	(0.193)
$Size_{i,t-1}$	0.0290**	0.0396***	0.184***	-0.00783	0.00136
	(0.0123)	(0.0107)	(0.00612)	(0.0145)	(0.0127)
$Lev_{i,t-1}$	0.168**	0.0919	-0.509***	0.270***	0.198***
	(0.0679)	(0.0594)	(0.0324)	(0.0703)	(0.0614)

	（1）	（2）	（3）	（4）	（5）
	$NCSKEW_{i,t}$	$DUVOL_{i,t}$	$Sent_{i,t-1}$	$NCSKEW_{i,t}$	$DUVOL_{i,t}$
$Roa_{i,t-1}$	-0.177	-0.363	2.042***	-0.585**	-0.788***
	（0.250）	（0.363）	（0.143）	（0.271）	（0.240）
$BM_{i,t-1}$	-0.154***	-0.144***	-0.00549	-0.153***	-0.142***
	（0.0202）	（0.0167）	（0.00728）	（0.0201）	（0.0166）
Constant	-1.047***	-1.091***	-4.287***	-0.190	-0.199
	（0.264）	（0.233）	（0.130）	（0.321）	（0.285）
Industry	Yes	Yes	Yes	Yes	Yes
Year	Yes	Yes	Yes	Yes	Yes
Cluster at firm	Yes	Yes	Yes	Yes	Yes
Observations	7629	7629	7629	7629	7629
F	111.98	118.77	263.35	109.25	116.10
R-squared	0.205	0.224	0.533	0.208	0.227
Sobel 检验	—	—	—	$Z_1=2.23>0.97$ 中介效应显著	$Z_2=2.23>0.97$ 中介效应显著

注：* 表示 $p<0.1$，** 表示 $p<0.05$，*** 表示 $p<0.01$；括号中数值为聚类调整后稳健的标准误。

2. 媒体态度、情绪传染与股价暴跌风险

表 6-4 报告了模型（6-3）的回归结果，对自变量和调节变量进行去中心化处理后，微博态度 c_Weibo_Pos 在 1% 的显著性水平上与股价暴跌风险（NCSKEW 或 DUVOL）正相关。微博态度与情绪传染交乘项 $c\_Weibo\_Pos_{i,t-1} \times c\_Infect$ 的系数在 1% 的水平上显著为正，这说明投资者的转发、点赞及评论会加大网络媒体态度对股价暴跌风险的影响，即网络媒体中存在投资者的情绪传染，假设 2 成立。

表 6-4　情绪传染与股价暴跌风险

	（1）	（2）
	$NCSKEW_{i,t}$	$DUVOL_{i,t}$
$c\_Weibo\_Pos_{i,t-1}$	0.700***	0.602***
	（0.0257）	（0.0229）
$c\_Infect_{i,t-1}$	0.0489***	0.0435***
	（0.00460）	（0.00411）
$c\_Weibo\_Pos_{i,t-1} \times c\_Infect_{i,t-1}$	0.204***	0.174***
	（0.0110）	（0.00977）
$NCSKEW_{i,t-1}$	0.0626***	0.0516***
	（0.0134）	（0.0120）
$Ret_{i,t-1}$	6.173***	4.101***
	（1.691）	（1.530）
$Sigma_{i,t-1}$	0.304	0.203
	（0.720）	（0.633）
$Turnover_{i,t-1}$	−0.0225	−0.0193
	（0.0252）	（0.0227）
$Abacc_{i,t-1}$	0.186	0.130
	（0.214）	（0.189）
$Size_{i,t-1}$	−0.00206	0.0117
	（0.0127）	（0.0112）
$Lev_{i,t-1}$	0.135**	0.0645
	（0.0675）	（0.0591）
$Roa_{i,t-1}$	−0.220	−0.401*
	（0.244）	（0.215）
$BM_{i,t-1}$	−0.122***	−0.116***
	（0.0196）	（0.0163）
Constant	−0.0536	−0.208
	（0.275）	（0.243）

续表

	（1）	（2）
	NCSKEW$_{i,t}$	DUVOL$_{i,t}$
Industry	Yes	Yes
Year	Yes	Yes
Cluster at firm	Yes	Yes
Observations	7629	7629
F	142.01	138.52
R－squared	0.249	0.263

注：＊表示 p<0.1，＊＊表示 p<0.5，＊＊＊表示 p<0.01；括号中数值为聚类调整后稳健的标准误。

第五节　进一步研究

　　罗进辉和杜兴强（2014）通过百度新闻（http：//news. baidu. com/）整理网络媒体对上市公司的报道次数，研究发现媒体报道次数越多，则个股的股价暴跌风险越小，即"媒体报道"具有股价暴跌风险抑制作用。那么网络媒体是否也具有风险抑制作用呢？这是本章再进一步讨论中的重点。

　　由于正面报道与非正面报道指标可相互线性表示，为避免严重的共线性问题，本章考察网络媒体态度平稳性对股价暴跌风险的影响。定义媒体态度平稳性变量 Weibo_ Steady ＝ 1＋1／［1＋sd（Weibo）］，其中 sd（Weibo）是每一年度新浪微博博主对同一公司各项报道情感的标准差，Weibo_ Steady 越大，则网络媒体态度越平稳。通过下列模型检验网络媒体的风险抑制作用：

$$CrashRisk_{i,t} = \beta_0 + \beta_1 Weibo\_ Steady_{i,t-1} + \beta_2 NCSKEW_{i,t-1} + \beta_3 Ret_{i,t-1} +$$

$$\beta_4 \, Weibo\_Pos_{i,t-1} \beta_4 \, Sigma_{i,t-1} + \beta_5 Turnover_{i,t-1} +$$

$$\beta_6 Abacc_{i,t-1} + \beta_7 Size_{i,t-1} + \beta_8 Lev_{i,t-1} + \beta_9 Roa_{i,t-1} + BM_{i,t-1} + \varepsilon_{i,t}$$

$$(6-10)$$

表 6-5 报告了模型（6-10）的回归结果。如列（1）及列（2）估计参数所示，当因变量是 NCSKEW 或 DUVOL 时，网络媒体态度平稳性 Weibo_Steady 的系数分别是 −1.679 和 −1.388，且均在 1% 的水平上显著，说明微博态度平稳降低了个股的股票崩盘风险，如列（3）及列（4）估计参数所示，在考虑媒体态度后，上述结论依然成立。这并不排斥媒体态度过于激进会推高股价，增大未来股价暴跌风险的结论。此外，这也说明网络媒体一方面通过"正面态度"推高股价，另一方面在股价下降期则通过"负面态度"加速股价下跌，因此媒体态度平稳则显著抑制了股价暴跌风险。

表 6-5　网络媒体风险抑制作用检验结果

	（1）	（2）	（3）	（4）
	$NCSKEW_{i,t}$	$DUVOL_{i,t}$	$NCSKEW_{i,t}$	$DUVOL_{i,t}$
$Weibo\_Steady_{i,t-1}$	−1.679***	−1.388***	−1.461***	−1.202***
	(0.0911)	(0.0805)	(0.0852)	(0.0760)
$Weibo\_Pos_{i,t-1}$	—	—	0.918***	0.787***
			(0.0316)	(0.0282)
$NCSKEW_{i,t-1}$	0.0595***	0.0531***	0.0474***	0.0427***
	(0.0157)	(0.0141)	(0.0146)	(0.0131)
$Ret_{i,t-1}$	5.662***	3.699**	4.003**	2.277
	(1.894)	(1.691)	(1.743)	(1.561)
$Sigma_{i,t-1}$	−0.944	−0.786	−0.551	−0.449
	(0.787)	(0.712)	(0.732)	(0.663)
$Turnover_{i,t-1}$	0.00414	−0.00231	−0.00401	−0.00930
	(0.0269)	(0.0250)	(0.0259)	(0.0243)

续表

	（1）	（2）	（3）	（4）
	$NCSKEW_{i,t}$	$DUVOL_{i,t}$	$NCSKEW_{i,t}$	$DUVOL_{i,t}$
$Abacc_{i,t-1}$	-0.166	-0.210	0.114	0.0306
	（0.231）	（0.198）	（0.213）	（0.183）
$Size_{i,t-1}$	-0.0369***	-0.0161	-0.00695	0.00959
	（0.0129）	（0.0114）	（0.0118）	（0.0106）
$Lev_{i,t-1}$	0.164**	0.0819	0.162**	0.0797
	（0.0744）	（0.0662）	（0.0688）	（0.0626）
$Roa_{i,t-1}$	-0.146	-0.334	-0.0984	-0.293
	（0.250）	（0.220）	（0.227）	（0.203）
$BM_{i,t-1}$	-0.119***	-0.116***	-0.0980***	-0.0979***
	（0.0216）	（0.0179）	（0.0201）	（0.0167）
Constant	2.218***	1.647***	0.912***	0.527**
	（0.297）	（0.264）	（0.274）	（0.247）
Industry	Yes	Yes	Yes	Yes
Year	Yes	Yes	Yes	Yes
Cluster at firm	Yes	Yes	Yes	Yes
Observations	5655	5655	5655	5655
F	84.18	87.56	146.57	139.81
R-squared	0.202	0.214	0.320	0.319

注：＊表示 $p<0.1$ ，＊＊表示 $p<0.5$ ，＊＊＊表示 $p<0.01$ ；括号中数值为聚类调整后稳健的标准误。

第六节　稳健性检验

一、内生性的考虑

本章在实证检验中采用的领先—滞后法可显著解决互为因果的内生性问题，为得到更加稳健的结论，借鉴已有研究（王化成等，2015；Kim et al.，2016），本章采用工具变量二阶段回归对内生性进行进一步控制。

本章选择博主所在城市降雨量（Weibo_Pcpt）与博主倾向（Weibo_Potential）作为媒体态度 Weibo_Pos 的工具变量[①]。第一，气象的情绪效应表明温度、湿度、日照等气象因素会影响人的心理、认知以及工作记忆（王琰、陈浩，2017），此外现有文献表明空气质量（郭永济、张谊浩，2016；邓晓、张晗，2019）和季节性情绪紊乱（陆静，2011）指标会影响我国股票市场，但并没有直接证据表明降雨量具有股价暴跌风险的天气效应；第二，网络媒体的自身特质会影响其发表言论时更乐于秉持正面态度或负面态度（固有态度倾向偏差），但媒体的这种特征与个股层面的股价暴跌风险并没有直接影响。进一步地，如表 6-6 所示，在弱工具变量检验中，偏 R^2 为 0.027，最小特征统计值达到了 105.658，满足大于 10 的经验法则，因此本章所选择的工具变量与内生变量具有较强的相关性，不存在严重的弱工具变量估计偏误；在过度识别检验中，无论股价暴跌风险是

---

① 　Weibo_Pcpt$_{i,t}$ = $\sum_{j=1}^{k} \frac{n}{m}$Pcpt$_{j,t}$；Weibo_Potential$_{i,t}$ = $\sum_{j=1}^{k} \frac{n}{m}$Potential$_{j,t}$，其中下表 i，j，t 分别表示公司、博主和年度；m 是公司 i 第 t 年被网络媒体报道的总次数；n 是公司 i 第 t 年被 j 博主报道的次数；Pcpt$_{j,t}$ 是博主 j 所在城市第 t 年的降雨量，数据来源于《中国统计年鉴》；Potential 是博主规避过度负面报道的次数占该博主总报道次数的比例。

NCSKEW 或 DUVOL，统计量 Sargan chi 与 Basmann chi 的 P 值均大于 0.1，即不能拒绝"所有工具变量都是外生变量"的原假设。因此，降雨量（Weibo_Pcpt）与博主倾向（Weibo_Potential）满足相关性和外生性的要求。在通过 2SLS 工具变量回归进一步控制内生性后，统计检验结果显示媒体正面态度依然显著增大了个股层面的股价暴跌风险，这说明本章结论不是由严重的内生性问题导致的。

表 6-6　媒体报道的 2SLS 工具变量回归估计结果

	第一阶段	第二阶段	
	（1）	（2）	（3）
	Weibo_Pos_Instrumented$_{i,t-1}$	NCSKEW$_{i,t}$	DUVOL$_{i,t}$
Weibo_Pos_Instrumented$_{i,t-1}$	—	0.371**	0.253*
		（0.149）	（0.134）
Weibo_Pcpt$_{i,t-1}$	0.0026**	—	—
	（0.0012）		
Weibo_Potential$_{i,t-1}$	1.0480***	—	—
	（0.0746）		
NCSKEW$_{i,t-1}$	0.0057	0.0612***	0.0522***
	（0.0064）	（0.0138）	（0.0124）
Ret$_{i,t-1}$	2.0643**	6.307***	4.402***
	（0.8366）	（1.838）	（1.653）
Sigma$_{i,t-1}$	-0.9811**	0.923	0.763
	（0.3472）	（0.767）	（0.690）
Turnover$_{i,t-1}$	0.0001	-0.0170	-0.0141
	（0.0120）	（0.0259）	（0.0233）
Abacc$_{i,t-1}$	-0.3450***	0.106	0.0395
	（0.0974）	（0.218）	（0.196）

续表

	第一阶段	第二阶段	
	（1）	（2）	（3）
	Weibo_Pos_Instrumented$_{i,t-1}$	NCSKEW$_{i,t}$	DUVOL$_{i,t}$
Size$_{i,t-1}$	-0.0399***	0.0222*	0.0284**
	（0.0057）	（0.0134）	（0.0120）
Lev$_{i,t-1}$	0.0250	0.130*	0.0629
	（0.0326）	（0.0706）	（0.0635）
Roa$_{i,t-1}$	0.0450	-0.196	-0.356
	（0.1169）	（0.253）	（0.228）
BM$_{i,t-1}$	-0.0117	-0.155***	-0.146***
	（0.0078）	（0.0171）	（0.0154）
Constant	0.8368***	-0.919**	-0.940***
	（0.1548）	（0.386）	（0.347）
Industry	Yes	Yes	Yes
Year	Yes	Yes	Yes
Observations	7629	7629	7629
Adj. R-squared	0.056	0.202	0.215
弱工具变量检验：	—	—	—
Shea's Partial R^2	0.027	—	—
F 值	105.658	—	—
过度识别检验：	—	—	—
Sargan chi	—	1.47927	2.50851
		（p=0.2239）	（p=0.1132）
Basmann chi	—	1.47297	2.49816
		（p=0.2249）	（p=0.1140）

注：*表示 p<0.1，**表示 p<0.5，***表示 p<0.01；括号中数值为标准误。

二、降低文本挖掘偏差

机器学习是人工智能的核心，但人工智能并不能完全识别、理解人类情感。在人类的自然语言表达中，存在正面语言表达负面情感（反讽）以及负面语言表达正面情感（自嘲）的现象。本章通过数据整理发现，以机构为账号主体的网络媒体往往语言规范且不使用修辞手法，以个人为账号主体的网络媒体存在使用网络语言、修辞手法的现象，因此本章剔除个人自媒体发布的消息进行稳健性检验，这样做的目的是降低文本挖掘误差。如表 6-7 所示，本章结论依然显著成立。

三、考虑企业层面不随时间改变的固定效应

为了控制可能遗漏不随时间改变的公司层面个体固定效应因素对估计结果可靠性的影响，本章采用固定效应模型对上述假设进行重现检验。表 6-8 的回归结果表明，本章结论不是由于遗漏企业层面不随时间改变的固定效应变量导致的。

四、考虑样本期限

Pagan 和 Sossounov（2003）认为，当市场指数从波峰下降到波谷，则市场处于熊市，反之则处于牛市。如图 6-1 所示，2015 年我国股票市场既包含牛市，也包含熊市，经历股价"暴涨""暴跌"。为排除宏观基本面因素对股价暴跌风险的影响，本章数据剔除 2015 年的数据进行稳健性检验。表 6-9 的回归结果显示，在剔除股价异常波动的年份后，本章结论依然显著成立。

表6-7 剔除个人自媒体的稳健性检验

变量名	(1) NCSKEW$_{i,t}$	(2) DUVOL$_{i,t}$	(3) Sent$_{i,t-1}$	(4) NCSKEW$_{i,t}$	(5) DUVOL$_{i,t}$	(6) NCSKEW$_{i,t}$	(7) DUVOL$_{i,t}$
Weibo_Pos$_{i,t-1}$	0.615*** (0.0263)	0.531*** (0.0233)	0.0178** (0.00719)	0.611*** (0.0263)	0.527*** (0.0233)	—	—
Sent$_{i,t-1}$	—	—		0.204*** (0.0404)	0.215*** (0.0372)	—	—
c_Weibo_Pos$_{i,t-1}$						0.713*** (0.0251)	0.615*** (0.0224)
c_Infect$_{i,t-1}$						0.0491*** (0.00468)	0.0437*** (0.00419)
c_Weibo_Pos$_{i,t-1}$×c_Infect$_{i,t-1}$						0.195*** (0.0110)	0.166*** (0.00995)
NCSKEW$_{i,t-1}$	0.0638*** (0.0140)	0.0526*** (0.0126)	0.0423*** (0.00413)	0.0552*** (0.0141)	0.0435*** (0.0127)	0.0583*** (0.0136)	0.0478*** (0.0122)
Ret$_{i,t-1}$	5.586*** (1.772)	3.638** (1.592)	8.196*** (0.643)	3.914** (1.807)	1.874 (1.623)	5.630*** (1.700)	3.696** (1.540)
Sigma$_{i,t-1}$	1.507** (0.723)	1.236* (0.641)	5.160*** (0.294)	0.454 (0.764)	0.125 (0.676)	0.509 (0.716)	0.354 (0.634)

续表

变量名	(1) NCSKEW$_{i,t}$	(2) DUVOL$_{i,t}$	(3) Sent$_{i,t-1}$	(4) NCSKEW$_{i,t}$	(5) DUVOL$_{i,t}$	(6) NCSKEW$_{i,t}$	(7) DUVOL$_{i,t}$
Turnover$_{i,t-1}$	-0.0141	-0.0119	-0.0491***	-0.00408	-0.00130	-0.0132	-0.0111
	(0.0257)	(0.0233)	(0.00898)	(0.0258)	(0.0234)	(0.0252)	(0.0228)
Abacc$_{i,t-1}$	0.202	0.138	0.287***	0.143	0.0760	0.167	0.106
	(0.222)	(0.197)	(0.0857)	(0.221)	(0.195)	(0.216)	(0.191)
Size$_{i,t-1}$	0.0288**	0.0394***	0.184***	-0.00876	-0.000253	-0.00480	0.00926
	(0.0122)	(0.0107)	(0.00616)	(0.0146)	(0.0128)	(0.0126)	(0.0111)
Lev$_{i,t-1}$	0.152**	0.0793	-0.514***	0.257***	0.190***	0.126*	0.0583
	(0.0692)	(0.0605)	(0.0328)	(0.0717)	(0.0625)	(0.0688)	(0.0603)
Roa$_{i,t-1}$	-0.160	-0.353	2.053***	-0.579**	-0.795***	-0.175	-0.367*
	(0.252)	(0.224)	(0.143)	(0.274)	(0.244)	(0.246)	(0.218)
BM$_{i,t-1}$	-0.149***	-0.139***	-0.00398	-0.148***	-0.138***	-0.118***	-0.112***
	(0.0200)	(0.0165)	(0.00733)	(0.0199)	(0.0164)	(0.0196)	(0.0162)
Constant	-1.043***	-1.077***	-4.285***	-0.169	-0.155	0.00132	-0.151
	(0.264)	(0.233)	(0.131)	(0.324)	(0.288)	(0.274)	(0.242)
Industry	Yes	Yes	Yes	Yes	Yes	Yes	Yes
Year	Yes	Yes	Yes	Yes	Yes	Yes	Yes

续表

变量名	(1)	(2)	(3)	(4)	(5)	(6)	(7)
	NCSKEW$_{i,t}$	DUVOL$_{i,t}$	Sent$_{i,t-1}$	NCSKEW$_{i,t}$	DUVOL$_{i,t}$	NCSKEW$_{i,t}$	DUVOL$_{i,t}$
Cluster at firm	Yes	Yes	Yes	Yes	Yes	Yes	Yes
Observations	7374	7374	7374	7374	7374	7374	7374
F	115.95	120.69	253.26	112.99	117.88	145.21	139.63
R-squared	0.214	0.231	0.536	0.217	0.235	0.256	0.269
Sobel 检验	—	—	—	Z=2.46>0.97 中介效应显著	Z=2.46>0.97 中介效应显著	—	—

注：* 表示 p<0.1，** 表示 p<0.5，*** 表示 p<0.01；括号中数值为聚类调整后稳健的标准误。

表6-8 固定效应模型回归

变量名	(1) $NCSKEW_{i,t}$	(2) $DUVOL_{i,t}$	(3) $Sent_{i,t}$	(4) $NCSKEW_{i,t}$	(5) $DUVOL_{i,t}$	(6) $NCSKEW_{i,t}$	(7) $DUVOL_{i,t}$
$Weibo\_Pos_{i,t-1}$	0.642*** (0.0312)	0.563*** (0.0279)	0.0181*** (0.00620)	0.629*** (0.0308)	0.549*** (0.0275)	—	—
$Sent_{i,t-1}$	—	—	—	0.750*** (0.0677)	0.739*** (0.0619)	—	—
$c\_Weibo\_Pos_{i,t-1}$	—	—	—	—	—	0.715*** (0.0297)	0.624*** (0.0266)
$c\_Infect_{i,t-1}$	—	—	—	—	—	0.0710*** (0.00635)	0.0650*** (0.00561)
$c\_Weibo\_Pos_{i,t-1} \times c\_Infect_{i,t-1}$	—	—	—	—	—	0.183*** (0.0132)	0.158*** (0.0121)
$NCSKEW_{i,t-1}$	-0.146*** (0.0165)	-0.0922*** (0.0149)	0.0360*** (0.00331)	-0.173*** (0.0166)	-0.119*** (0.0151)	-0.141*** (0.0161)	-0.0887*** (0.0146)
$Ret_{i,t-1}$	-3.030 (2.080)	0.0392 (1.860)	10.19*** (0.533)	-10.68*** (2.141)	-7.487*** (1.916)	-2.417 (1.984)	0.602 (1.788)
$Sigma_{i,t-1}$	1.264 (0.990)	1.382 (0.882)	2.949*** (0.273)	-0.949 (1.011)	-0.797 (0.894)	-0.190 (0.969)	0.0616 (0.862)

续表

变量名	(1) $NCSKEW_{i,t}$	(2) $DUVOL_{i,t}$	(3) $Sent_{i,t-1}$	(4) $NCSKEW_{i,t}$	(5) $DUVOL_{i,t}$	(6) $NCSKEW_{i,t}$	(7) $DUVOL_{i,t}$
$Turnover_{i,t-1}$	-0.0627* (0.0343)	-0.0453 (0.0310)	-0.0133 (0.00881)	-0.0528 (0.0340)	-0.0355 (0.0309)	-0.0599* (0.0342)	-0.0431 (0.0307)
$Abacc_{i,t-1}$	0.356 (0.281)	0.318 (0.252)	0.173** (0.0683)	0.227 (0.278)	0.190 (0.247)	0.311 (0.276)	0.276 (0.245)
$Size_{i,t-1}$	0.355*** (0.0493)	0.333*** (0.0454)	0.120*** (0.0190)	0.265*** (0.0499)	0.244*** (0.0459)	0.309*** (0.0478)	0.292*** (0.0438)
$Lev_{i,t-1}$	0.130 (0.171)	0.0541 (0.154)	-0.191*** (0.0557)	0.273 (0.168)	0.195 (0.150)	0.0634 (0.168)	-0.00566 (0.151)
$Roa_{i,t-1}$	-0.193 (0.410)	-0.174 (0.378)	1.343*** (0.145)	-1.201*** (0.421)	-1.166*** (0.389)	-0.165 (0.393)	-0.151 (0.361)
$BM_{i,t-1}$	-0.454*** (0.0436)	-0.444*** (0.0376)	0.0161** (0.00768)	-0.466*** (0.0427)	-0.456*** (0.0364)	-0.411*** (0.0422)	-0.406*** (0.0361)
Constant	-7.920*** (1.056)	-7.245*** (0.974)	-2.919*** (0.414)	-5.730*** (1.073)	-5.089*** (0.988)	-6.541*** (1.025)	-6.018*** (0.939)
Industry	Yes	Yes	Yes	Yes	Yes	Yes	Yes
Year	Yes	Yes	Yes	Yes	Yes	Yes	Yes

续表

变量名	（1）	（2）	（3）	（4）	（5）	（6）	（7）
	$NCSKEW_{i,t}$	$DUVOL_{i,t}$	$Sent_{i,t-1}$	$NCSKEW_{i,t}$	$DUVOL_{i,t}$	$NCSKEW_{i,t}$	$DUVOL_{i,t}$
Firm fixed effects	Yes	Yes	Yes	Yes	Yes	Yes	Yes
Cluster at firm	Yes	Yes	Yes	Yes	Yes	Yes	Yes
Observations	7374	7374	7374	7374	7374	7374	7374
F	146.17	151.73	137.20	148.68	153.00	175.00	172.49
R-squared	0.262	0.283	0.525	0.280	0.304	0.309	0.326
Sobel 检验	—	—	—	Z=2.89>0.97 中介效应显著	Z=2.89>0.97 中介效应显著	—	—

注：* 表示 $p<0.1$，** 表示 $p<0.5$，*** 表示 $p<0.01$；括号中数值为聚类调整后稳健的标准误。

表6-9 媒体态度、投资者情绪与股价暴跌风险

变量名	(1) NCSKEW$_{i,t}$	(2) DUVOL$_{i,t}$	(3) Sent$_{i,t}$	(4) NCSKEW$_{i,t}$	(5) DUVOL$_{i,t}$	(6) NCSKEW$_{i,t}$	(7) DUVOL$_{i,t}$
Weibo_Pos$_{i,t-1}$	0.645*** (0.0297)	0.561*** (0.0262)	0.0204** (0.00797)	—	—	—	—
Sent$_{i,t-1}$	—	—	—	0.184*** (0.0440)	0.191*** (0.0399)	—	—
c_Weibo_Pos$_{i,t-1}$	—	—	—	—	—	0.748*** (0.0288)	0.650*** (0.0255)
c_Infect$_{i,t-1}$	—	—	—	—	—	0.0493*** (0.00524)	0.0443*** (0.00464)
c_Weibo_Pos$_{i,t-1}$×c_Infect$_{i,t-1}$	—	—	—	—	—	0.201*** (0.0125)	0.172*** (0.0112)
NCSKEW$_{i,t-1}$	0.0821*** (0.0169)	0.0756*** (0.0150)	0.0623*** (0.00459)	0.0706*** (0.0173)	0.0637*** (0.0154)	0.0725*** (0.0164)	0.0672*** (0.0145)
Ret$_{i,t-1}$	5.170** (2.013)	2.952* (1.784)	8.891*** (0.798)	3.531* (2.063)	1.255 (1.825)	5.013*** (1.930)	2.834* (1.720)
Sigma$_{i,t-1}$	2.285*** (0.814)	2.099*** (0.720)	5.474*** (0.326)	1.277 (0.860)	1.054 (0.757)	1.241 (0.809)	1.168 (0.717)

续表

变量名	(1) NCSKEW$_{i,t}$	(2) DUVOL$_{i,t}$	(3) Sent$_{i,t-1}$	(4) NCSKEW$_{i,t}$	(5) DUVOL$_{i,t}$	(6) NCSKEW$_{i,t}$	(7) DUVOL$_{i,t}$
Turnover$_{i,t-1}$	-0.0214 (0.0274)	-0.0203 (0.0246)	-0.0391*** (0.00940)	-0.0142 (0.0274)	-0.0129 (0.0246)	-0.0194 (0.0268)	-0.0186 (0.0240)
Abacc$_{i,t-1}$	0.0600 (0.258)	7.00e-05 (0.226)	0.284*** (0.0940)	0.00771 (0.257)	-0.0541 (0.225)	0.0249 (0.252)	-0.0319 (0.221)
Size$_{i,t-1}$	0.0114 (0.0139)	0.0145 (0.0121)	0.176*** (0.00650)	-0.0210 (0.0161)	-0.0191 (0.0141)	-0.0200 (0.0142)	-0.0140 (0.0124)
Lev$_{i,t-1}$	0.172** (0.0795)	0.103 (0.0691)	-0.524*** (0.0354)	0.268*** (0.0822)	0.203*** (0.0713)	0.147* (0.0788)	0.0836 (0.0685)
Roa$_{i,t-1}$	-0.0667 (0.288)	-0.325 (0.251)	2.127*** (0.153)	-0.458 (0.313)	-0.731*** (0.274)	-0.0938 (0.280)	-0.351 (0.244)
BM$_{i,t-1}$	-0.147*** (0.0217)	-0.130*** (0.0179)	0.0101 (0.00747)	-0.149*** (0.0216)	-0.132*** (0.0178)	-0.118*** (0.0213)	-0.105*** (0.0177)
Constant	-0.704** (0.298)	-0.583** (0.262)	-4.119*** (0.138)	0.0545 (0.356)	0.203 (0.313)	0.299 (0.307)	0.316 (0.269)
Industry	Yes	Yes	Yes	Yes	Yes	Yes	Yes
Year	Yes	Yes	Yes	Yes	Yes	Yes	Yes

续表

变量名	(1) NCSKEW$_{i,t}$	(2) DUVOL$_{i,t}$	(3) Sent$_{i,t-1}$	(4) NCSKEW$_{i,t}$	(5) DUVOL$_{i,t}$	(6) NCSKEW$_{i,t}$	(7) DUVOL$_{i,t}$
Cluster at firm	Yes	Yes	Yes	Yes	Yes	Yes	Yes
Observations	6093	6093	6093	6093	6093	6093	6093
F	97.13	95.30	250.41	93.88	92.24	120.65	112.61
R−squared	0.214	0.222	0.536	0.217	0.225	0.256	0.261
Sobel 检验	—	—	—	Z=2.54>0.97 中介效应显著	Z=2.54>0.97 中介效应显著	—	—

注：＊表示 p<0.1，＊＊表示 p<0.5，＊＊＊表示 p<0.01；括号中数值为聚类调整后稳健的标准误。

图 6-1　历年市场指数走势

第七节　本章结论

本章以 2011~2017 年我国沪深两市 A 股上市公司为样本，研究发现：第一，网络媒体态度与股价暴跌风险显著正相关，说明媒体正面报道会使股票价格正向偏离内在价值，从而提高未来的股价暴跌风险；第二，通过中介效应检验发现，媒体态度与股价暴跌风险之间的传导是通过投资者情绪连接的，网络媒体正面报道使投资者情绪过度乐观，非理性行为导致股市泡沫产生；第三，投资者对网络媒体的转发、评论及点赞可正向调节媒体态度与股价暴跌风险的关系，这说明我国投资者的非理性行为在网络媒体中存在情绪传染效应；第四，网络媒体态度的平稳性可显著降低未来的股价暴跌风险。

在政策建议上，为促进我国股票市场平稳发展、稳定股票价格、降低股价暴跌风险，本章认为：第一，网络媒体应避免炒作，意见领袖应起到提示风险的作用，并保持情感平稳；第二，市场参与者应更加注重基本面分析与价值投资，避免盲目跟风；第三，市场管理部门应加强制度建设，为投资者创造良好的信息环境，提高证券定价效率以降低股价的暴涨、暴跌现象，同时从政策制定角度做好投资者情绪疏导及理性教育。

在未来研究的启示上，本章认为：第一，媒体作为立法、司法、行政之外的第四权力在公司治理、公司财务等领域的监督作用不可否认，媒体监督治理领域也积累了大量优秀文献，但在媒体追求"商业价值"及"网络流量"的背景下，过度渲染的媒体态度可能对投资者产生误导，未来的研究应给与"媒体负面效应"更多关注；第二，财务学应跳出传统研究框架，充分吸收计算机语言编程下的数据分析、数据挖掘、数据可视化、网络爬虫以及机器学习等，并将此作为科研工具，打破学科边界，审视传播学、心理学等现有理论在财务学研究中的作用。

第七章

研究结论

与以往的研究不同，本书使用我国上海、深圳证券交易所 A 股上市公司的经验数据，通过 Python 语言设计网络爬虫程序，采集具有影响力的财经类媒体在新浪微博上发布的博文数据，使用 SnowNLP 文本挖掘及机器学习的方法刻画媒体态度指数，考察社会化网络媒体态度、投资者情绪及企业非效率投资三者之间的关系，检验投资者情绪在媒体正面报道、负面报道与企业投资过度、投资不足间的中介作用。通过实证检验与规范研究，具体得出以下几点结论：

第一，社会化网络媒体态度对企业非效率投资具有显著影响。当社交媒体对企业进行正面报道时，投资者会倾向于将资金投入该企业，企业进行债券融资和股权融资的成本会降低，企业用于投资的现金会增多，一方面可导致企业出现更多的过度投资，同时对企业投资不足也有抑制作用；当社会化网络媒体对企业进行负面报道时，投资者会减少对该企业的投资，公司的融资成本会增加，企业用于投资的现金比较紧张。因此社会媒体负面态度一方面可抑制企业投资过度现象，但同时也会加剧企业的投资不足。

第二，投资者情绪对企业非效率投资具有显著影响。具体而言，投资者情绪可通过融资渠道影响企业可支配资金，进而影响投资效率。过度乐观的投资者情绪会导致正向的股票、债券误定价，降低企业融资成本，缓解资金不足，进而加剧了企业的投资过度现象，但同时也可缓解企业投资不足；过度悲观的投资者情绪可导致股票、债券价值低估，进而降低企业筹资效率及筹资规模，导致企业资金不足，加剧了企业投资不足的现象，同时也可抑制企业投资过度。

第三，本书通过中介效应检验系统考察了社会化网络媒体态度、投资者情绪与非效率投资三者之间的关系。依照社会两级传播模型理论，社交媒体上的财经类公众人物担任了"意见领袖"的角色，他们的言论直接影响着投资者情绪。具体而言，社会化网络媒体的正面报道导致投资者情绪过度乐观，进而产生正向的债券、股票误定价，提高企业筹资效率及筹资规模，因此缓解企业投资不足或加剧企业投资过度；社交媒体对企业的负面报道会导致投资者情绪过度悲观，进而导致股票、债券价格被低估，降低企业筹资效率及筹资规模，企业可用于投资的资金减少，因此加剧了投资不足或抑制了投资过度。

　　本书的结论对于提高上市公司投资效率以及在行为金融学层面认识我国股票市场具有一定参考意义。上市公司再筹资活动及投资活动中，不应忽略媒体这一非正式外部机制以及投资者有限理性对企业决策的影响，在信息披露过程中避免媒体误读以及投资者理解偏误，避免投资者情绪、市场噪音降低企业的投资效率。对于我国市场监管者来说，应完善网络信息安全法，加强引导，避免媒体错误报道、情绪过度渲染导致的资本产品定价异常波动，稳定我国资本市场，保障投资环境秩序。

参考文献

[1] Amp L H, Kangtao Y. Does Corporate Tax Avoidance Affect Investment Efficiency? [J]. Accounting Research, 2013, 6: 47-53.

[2] An H, Zhang T. Stock Price Synchronicity, Crash Risk, and Institutional Investors [J]. Journal of Corporate Finance, 2011, 21 (1): 1-15.

[3] Baker M, Stein J, Wurgler. When does the Market Matter? Stock Prices and Investment of Equity Dependent Films Quarterl [J]. Journal of Economics, 2003 (118): 969-1006.

[4] Baker M, Wurgler J. Investor sentiment and the cross-section of stock returns [J]. Journal of Finance. 2006, 61 (4): 1645-1680.

[5] Barberis N, Thaler R. A Survey of Behavioral Finance [J]. Handbook of the Economics of Finance, 2003, 1 (3): 1053-1128.

[6] Barberis, Nieholas, Shleifer, Jeffrey Wurgler. Government [J]. Journal of Financial Economics, 2005 (75): 283-317.

[7] Beatriz Garcia, Juan Manuel Garcia, Penalva F. Accounting Conservatism and Firm Investment Efficiency [J]. Journal of Accounting & Economics, 2016, 61 (1): 221-238.

[8] Benlemlih M, Bitar M. Corporate Social Responsibility and Investment Efficiency [J]. Journal of Business Ethics, 2018 (148): 647-671.

[9] Bernard V L, Thomas J K. Post-Earnings-Announcement Drift: Delayed Price Response or Risk Premium? [J]. Journal of Accounting Research, 1989, 27 (27): 1-36.

[10] Bhattacharya U, Galpin N, Ray R, Yu X. The Role of the

Media in the Internet IPO Bubble [J]. Journal of Financial and Quantitative Analysis, 2009, 44 (3): 657-682.

[11] Biddle G C, Hilary G, Verdi R S. How does financial reporting quality relate to investment efficiency? [J]. Journal of Accounting & Economics, 2009, 48 (2-3): 112-131.

[12] Brown G W, Cliff M T. Investor Sentiment and the Near-term Stock Market [J]. Journal of Empirical Finance, 2004, 11 (1): 1-27.

[13] Brown G W, Cliff M T. Investor Sentiment and Asset Valuation [J]. The Journal of Business, 2005, 78 (2): 405-440.

[14] Burghardt M, Czink M, Riordan R. Retail Investor Sentiment and the Stock Market [OL/DB]. Social Science Electronic Publishing, 2008.

[15] Bushee B J, Core J E, Guay W, et al. The Role of the Business Press as an InformationIntermediary [J]. Journal of Accounting Research, 2010, 48 (1): 1-19.

[16] Cacioppo J T, Fowler J H, Christakis N A. Alone in the Crowd: The Structure and Spread of Loneliness in a Large Social Network [J]. Journal of Personality and Social Psychology, 2009, 97 (6): 977-991.

[17] Charoenrook A. Does Sentiment Matter? [OL/DB]. ResearchGate, 2003p.

[18] Chen J, Hong H, Stein J C. Forecasting Crashes: Trading Volume, Past Returns, and Conditional Skewness in Stock Prices [J]. Journal of Financial Economics, 2001, 61 (3): 345-381.

[19] Chen N F, Roll R, Ross S A. Economic Forces and the Stock Market [J]. Journal of Business, 1986, 59 (3): 383-403.

[20] Core J E, Guay W, Larcker D F. The power of the pen and executive compensation [J]. Journal of Financial Economics, 2008, 88 (1): 1-25.

[21] Cutillas Gomariz M F, Sanchez Ballesta, Juan Pedro. Financial Reporting Quality, Debt Aturity and Investment Efficiency [J]. Journal of

Banking & Finance, 2014, 40 (1): 494-506.

[22] Daniel Kahneman. Maps of bounded rationality: psychology for behavioral economics [J]. The American Economic Review, 2003, 93 (5): 1449-1475.

[23] Delong J, Shleifer A, Summers L, Waldmann R. Noise Trader Risk in Financial Markets [J]. Journal of Political Economy, 1990, 98 (4): 703-738.

[24] Fowler D J, Rorke C H. Risk Measurement When Shares Are Subject to Infrequent Trading [J]. Journal of Financial Economics, 1979, 12 (2): 279-283.

[25] Dyck A, Volchkova N, Zingales L. The Corporate Governance Role of the Media: Evidence from Russia [J]. The Journal of Finance, 2008, 63 (3): 1093-1135.

[26] Dyck A, Moss D, Zingales L. Media versus Special Interests [J]. Cepr Discussion Papers, 2013, 56 (3): 521-553.

[27] Edward M. Miller. Risk, Uncertainty, and Divergence of Opinion [J]. The Journal of Finance, 1977, 32 (4): 1151-1168.

[28] Eileen Fischer, A. Rebecca Reuber. Social Interaction via New Social Media: (How) Can Interactions on Twitter Affect Effectual Thinking and Behavior? [J]. Journal of Business Venturing, 2011, 26 (1): 1-18.

[29] Eisdorfer A, Giaccotto C, White R. Capital Structure, Executive Compensation, and Investment Efficiency [J]. Journal of Banking & Finance, 2013, 37 (2): 549-562.

[30] Fama E F. Papers and Proceedings of the Twenty-Eighth Annual Meeting of the American Finance Association New York, N. Y. December, 28 - 30, 1969//Efficient Capital Markets: A Review of Theory and Empirical Work [J]. The Journal of Finance, 1970, 25 (2): 383-417.

[31] Fowler J H, Christakis N A. Dynamic Spread of Happiness in A Large Social Network: Longitudinal Analysis of the Framingham Heart Study

Social Network [J]. British Medical Journal, 2009, 338 (7685): 23-27.

[32] Gentzkow M, Shapiro J M. Media Bias and Reputation [J]. Journal of Political Economy, 2006, 114 (2): 280-316.

[33] Gilchrist S. Himmelberg C P, Huberman G. Do stock price bubbles influence corporate investment? [J]. Journal of Monetary Economics, 2005, 52 (4): 805-827.

[34] Goyal V K, Yamada T. Asset Price Shocks, Financial Constraints, and Investment: Evidence from Japan [J]. Journal of Business, 2004, 77 (1): 175-200.

[35] Hatfield E, Cacioppo J L, Rapson, R L. Emotional Contagion [J]. Current Directions in Psychological Sciences, 1993, 2 (3): 96-100.

[36] Hovakimian, Gayane. Financial Constraints and Investment Efficiency: Internal Capital Allocation Across the Business Cycle [J]. Journal of Financial Intermediation, 2011, 20 (2): 264-283.

[37] Jegadeesh N, Titman S. Returns to Buying Winners and Selling Losers: Implications for Stock Market Efficiency [J]. Journal of Finance, 1993, 48 (1): 65-91.

[38] Jensen M C, Meckling W H. Theory of the Firm: Managerial Behavior, Agency Costs and Ownership Structure [J]. Social Science Electronic Publishing, 1976, 3 (4): 305-360.

[39] Jin L, Myers S C. R^2 Around the World: New Theory and New Tests [J]. Journal of Financial Economics, 2006, 79 (2): 257-292.

[40] Joe J R, Louis H, Robinson D. Managers' and Investors' Responses to Media Exposure of Board Ineffectiveness [J]. Social Science Electronic Publishing, 2009, 44 (3): 579-605.

[41] John R. Nofsinger, Fernando M. Patterson, Corey A. Shank. Decision-making, financial risk aversion, and behavioral biases: The role of testosterone and stress [J]. Economics & Human Biology, 2018 (29):

1-16.

[42] Jorgenson D. Capital Theory and Investment Behavior [J]. American Economic Review, 1963, 53 (2): 247-259.

[43] Joseph E. Engelberg, Christopher A. Parsons. The Causal Impact of Media in Financial Markets [J]. The Journal of Finance, 2011, 66 (1): 67-97.

[44] Kim J B, Li Y, Zhang L. CFOs versus CEOs: Equity Incentives and Crashes [J]. Journal of Financial Economics, 2011b, 101 (3): 713-730.

[45] Kim J B, Li Y, Zhang L. Corporate Tax Avoidance and Stock Price Crash Risk: Firm-Level Analysis [J]. Journal of Financial Economics, 2011a, 99 (3): 639-662.

[46] Kim J B, Zhang L. Accounting Conservatism and Stock Price Crash Risk: Firm-Level Evidence [J]. Contemporary Accounting Research, 2016, 33 (1): 412-441.

[47] Kim Y, Li H, Li S. Corporate Social Responsibility and Stock Price Crash Risk [J]. Journal of Banking & Finance, 2014, 43 (1): 1-13.

[48] Lakonish. On the Profitability of technical trading rules based on artificial networks: Evidence from the Madrid stock market [J]. Economics Letters, 1992, 69 (1): 89-94.

[49] Lazarsfeld P F, Berelson B, Gaudet H. The People's Choice [M]. Oxford, England: Duell, Sloan & Pearce, 1944: 1-126

[50] Lee, Wayne Y., Jiang, Christine X., Indro, DanielC.. Stock market volatility, excess returns, and the role of investor sentiment [J]. Journal of Banking and Finance, 2002, 26 (12): 2277-2277.

[51] Leitch D, Sherif M. Twitter Mood, CEO Succession Announcements and Stock Returns [J]. Journal of Computational Science, 2017, 21 (2): 1-10.

[52] Ljungqvist A, Jr W J W. IPO Pricing in the Dot-com Bubble

[J]. Journal of Finance, 2003, 58 (2): 723-752.

[53] Malcolm Baker, Jeffrey Wurgler. Investor Sentiment and the Cross-Section of Stock Returns [J]. Journal of Finance, 2006, 61 (4): 1645-1680.

[54] Merton, Robert C. A Simple Model of Capital Market Equilibrium with Incomplete Information [J]. The Journal of Finance, 1987, 42 (3): 483-510.

[55] Michael Zweig. Political Economy and the "National Interest" [J]. Review of Radical Political Economics, 1969, 1 (1): 11-35.

[56] Miller, E. Risk, Uncertainty, and Divergence of Opinion [J]. Journal of Finance, 1977, 32 (4): 1151-1168.

[57] Moffat H, Jensen K F. Complex flow phenomena in MOCVD reactors: I. Horizontal reactors [J]. Journal of Crystal Growth, 1986, 77 (1): 108-119.

[58] Mullainathan S, Shleifer A. The Market for News [J]. American Economic Review, 2005, 95 (4): 1031-1053.

[59] Myers S., et al.. The Capital Puzzle [J]. Journal of Finance, 1984 (39): 575-592.

[60] Paul C. Tetlock. Giving Content to Investor Sentiment: The Role of Media in the Stock Market [J]. The Journal of Finance, 2007, 62 (3): 1139-1168.

[61] Petersen M A. Estimating Standard Errors in Finance Panel Data Sets: Comparing Approaches [J]. Review of Financial Studies, 2009, 22 (1): 435-480.

[62] Polk, C., Sapienza, P. The Stock Market and Corporate Investment: A Test of Catering Theory [J]. The Review of Financial Studies, 2008, 22 (1): 187-217.

[63] Post R L, Kume S, Tobin T, et al.. Flexibility of an Active Center in Sodium-Plus-Potassium Adenosine Triphosphatase [J]. Journal of General Physiology, 1969, 54 (1): 306-326.

［64］Preston, S. D., de Waal, F. B. M. Empathy: Its ultimate and proximate bases ［J］. Behavioral and Brain Sciences, 2002 （25）: 1-20.

［65］Rabin M, Thaler R H. Anomalies: riskaversion ［J］. The Journal of Economic Perspective, 2001, 15 （1）: 219-232.

［66］Richardson S. Over-investment of free cash flow ［J］. Review of Accounting Studies, 2006, 11 （2-3）: 159-189.

［67］Robert N, Wheatley S M. Do Measures of Investor Sentiment Predict Returns? ［J］. Journal of Financial and Quantitative Analysis, 1998, 33 （4）: 523-547.

［68］Rosenquist J N, Fowler J H, Christakis N A. Social Network Determinants of Depression ［J］. Molecular Psychiatry, 2011, 16 （3）: 273-281.

［69］Samuelson P A. Proof that Properly Anticipated Prices Fluctuate Randomly ［J］. World Scientific Book Chapters, 2015, 6 （2）: 25-38.

［70］Schibalski H. Auditor Conservatism and Investment Efficiency ［J］. Accounting Review, 2009, 84 （6）: 1933-1958.

［71］Shefrin, H., M. Statman. The Disposition to Sell Winners too Early and Ride Losers too Long ［J］. Journal of Finance, 1985 （3）: 777-790.

［72］Shleifer A, Vishny R W. The Limits of Arbitrage ［J］. Nber Working Papers, 1997, 52 （1）: 35-55.

［73］Shleifer. Inefficient Markets: An Introduction to Behavioral Finance ［M］. Oxford: Oxford University Press, 2000: 1-221.

［74］Shoemaker P, Reese P. Theories of Influence on Mass Media Content ［M］. London: Longman, 1996: 1-65.

［75］Songlian T, Shengyue L, Liangliang G, et al.. Institutional Ownership, Free Cash and Investment Efficiency ［J］. Management Review, 2015, 177 （4）: 2277-2291.

［76］Statman F M. Investor Sentiment and Stock Returns ［J］. Financial Analysts Journal, 2000, 56 （2）: 16-23.

［77］ Stein, J. C.. Rational Capital Budgeting in an Irrational World ［J］. Journal of Business, 1996（69）: 429-455.

［78］ Takeda F, Yamazak H. Stock Price Reactions to Public TV Programs on Listed Japanese Companies ［J］. Economics Bulletin, 2006, 13 （11）: 1-7.

［79］ Terrance Odean. Volume, Volatility, Price, and Profit When All Traders Are above Average ［J］. The Journal of Finance. 1998, 53 （6）: 1887-1934.

［80］ Tetlock P C. Giving Content to Investor Sentiment: The Role of Media in the Stock Market ［J］. Journal of Finance, 2007, 62 （3）: 1139-1168.

［81］ Thaler R H, Bondt W F M D. Does the Stock Market Over-React ［J］. The Journal of Finance, 1985, 40 （3）: 793-805.

［82］ Tversky A KD. Judgment under uncertainty: heuristics and biases ［J］. Science, 1974, 185 （4157）: 1124-1131.

［83］ Vega C. Stock Price Reaction to Public and Private Information ［J］. Journal of Financial Economics, 2006, 82 （1）: 103-133.

［84］ Verdi R S. Financial reporting quality and investment efficiency ［D］. Philadelphia: University of Pennsylvania, 2006.

［85］ Walker M D. Industrial Groups and Investment Efficiency ［J］. SSRN Electronic Journal, 2002.

［86］ Werner Antweiler, Murray Z. Frank. Is All That Talk Just Noise? The Information Content of Internet Stock Message Boards ［J］. The Journal of Finance, 2004, 59 （3）: 1259-1294.

［87］ 敖卿, 唐元虎. 认知失调理论及其在证券市场中的应用 ［J］. 科技进步与对策. 2004 （3）: 43-45.

［88］ 冰彬, 岳衡. 货币政策、流动性不足与个股暴跌风险 ［J］. 金融研究, 2015 （7）: 135-151.

［89］ 曹丰, 鲁冰, 李争光, 徐凯. 机构投资者降低了股价崩盘风险吗 ［J］. 会计研究, 2015 （11）: 55-61, 97.

［90］曾昌礼.国有资本经营预算能够提高地方国有企业投资效率吗？［J］.南京审计大学学报，2018（6）：73-80.

［91］陈佳.投资者情绪、管理层过度自信与企业非效率投资［D］.大连：东北财经大学，2014.

［92］程昆，刘仁和.投资者情绪与股市的互动研究［J］.上海经济研究，2005（11）：86-93.

［93］程琬芸，林杰.社交媒体的投资者涨跌情绪与证券市场指数［J］.管理科学，2013（5）：111-119.

［94］褚剑，方军雄.中国式融资融券制度安排与股价崩盘风险的恶化［J］.经济研究，2016（5）：143-158.

［95］崔庆才.python3网络爬虫开发实战［M］.北京：人民邮电出版社，2018.

［96］崔晓蕾，何婧，徐龙炳.投资者情绪对企业资源配置效率的影响——基于过度投资的视角［J］.上海财经大学学报，2014，16（3）：86-94.

［97］邓晓，张晗.空气质量对股票市场影响的实证分析［J］.统计与决策，2019（1）：163-165.

［98］方红星，金玉娜.公司治理、内部控制与非效率投资：理论分析与经验证据［J］.会计研究，2013（7）：63-69.

［99］郭永济，张谊浩.空气质量会影响股票市场吗？［J］.金融研究，2016（2）：71-85.

［100］韩志丽，邵军，陈敏，等.企业非效率投资：基于行为经济学的解释［J］.会计与经济研究，2014（6）：72-80.

［101］胡昌生.高股权溢价、短视性损失厌恶与失望厌恶［J］.预测，2009（5）：15-26.

［102］花贵如，刘志远，许骞.投资者情绪、管理者乐观主义与企业投资行为［J］.金融研究，2011（9）：178-191.

［103］花贵如，郑凯，刘志远.政府控制、投资者情绪与公司资本投资［J］.管理评论，2014，26（3）：53-60.

［104］黄宏斌，刘志远.投资者情绪、信贷融资与企业投资规模

［J］.证券市场导报，2014（7）：28-34，39.

［105］黄宏斌，刘志远.投资者情绪与企业信贷资源获取［J］.投资研究，2013，32（2）：13-29.

［106］黄莲琴，杨露露.投资者情绪、管理者过度自信与资本投资［J］.东南学术，2011（5）：157-167.

［107］江轩宇，许年行.企业过度投资与股价崩盘风险［J］.金融研究，2015（8）：141-158.

［108］江轩宇，伊志宏.审计行业专长与股价崩盘风险［J］.中国会计评论，2013（2）：133-150.

［109］江轩宇.税收征管、税收激进与股价崩盘风险［J］.南开管理评论，2013（5）：152-160.

［110］蒋多，徐富明，李海军，相鹏，罗寒冰.股票投资决策中的处置效应：心理机制及调节变量［J］.心理与行为研究，2013，11（4）：547-552.

［111］蒋玉梅，王明照.投资者情绪与股票收益：总体效应与横截面效应的实证研究［J］.南开管理评论，2010（3）：150-160.

［112］勒庞.乌合之众［M］.北京：中央编译出版社，2004.

［113］李静，韩维芳，刘念.投资效率研究文献综述［J］.财会月刊，2016（10）：113-115.

［114］李培功，沈艺峰.媒体的公司治理作用：中国的经验证据［J］.经济研究，2010（4）：14-27.

［115］李万福，林斌，宋璐.内部控制在公司投资中的角色：效率促进还是抑制？［J］.管理世界，2011（2）：81-99.

［116］李小荣，刘行.CEO vs CFO：性别与股价崩盘风险［J］.世界经济，2012（12）：104-131.

［117］李增泉，孙铮，王志伟."掏空"与所有权安排——来自我国上市公司大股东资金占用的经验证据［J］.会计研究，2004（12）：3-13.

［118］利昂·费斯汀格.认知失调理论［M］.杭州：浙江教育出版社，1957.

[119] 梁权熙，曾海舰. 独立董事制度改革、独立董事的独立性与股价崩盘风险 [J]. 管理世界，2016 (3)：144-159.

[120] 林百宏. 中国投资者情绪指数的度量及其对股市收益的影响分析 [D]. 厦门：厦门大学，2008.

[121] 林振兴. 网络讨论、投资者情绪与 IPO 抑价 [J]. 山西财经大学学报，2011，33 (2)：23-29.

[122] 刘行，叶康涛. 企业的避税活动会影响投资效率吗？[J]. 会计研究，2013 (6)：47-53.

[123] 刘培，冯一丹，李爱梅. 揭秘经济管理中的行为异象：心理账户理论的应用启示 [J]. 心理科学进展，2019 (3)：405-416.

[124] 卢闯，李志华. 投资者情绪对定向增发折价的影响研究 [J]. 中国软科学，2011 (7)：155-164.

[125] 陆静. 中国股票市场天气效应的实证研究 [J]. 中国软科学，2011 (6)：65-78，192.

[126] 罗斌元. 内部控制、投资者情绪与企业投资效率 [J]. 中南财经政法大学学报，2017 (6)：11-20.

[127] 罗进辉，杜兴强. 媒体报道、制度环境与股价崩盘风险 [J]. 会计研究，2014 (9)：53-59.

[128] 罗琦，张标. 股权特性、投资者情绪与企业非效率投资 [J]. 财贸研究，2013，24 (4)：148-156.

[129] 马丽. 中国股票市场羊群效应实证分析 [J]. 南开经济研究，2016 (1)：144-153.

[130] 牟小丽，杨孝安. 投资效率文献综述 [J]. 中国证券期货，2012 (7)：227.

[131] 权小锋，吴世农，尹洪英. 企业社会责任与股价崩盘风险："价值利器" 或 "自利工具"？[J]. 经济研究，2015 (11)：49-64.

[132] 邵新建，何明燕，江萍，薛熠，廖静池. 媒体公关、投资者情绪与证券发行定价 [J]. 金融研究，2015 (9)：190-206.

[133] 沈艺峰，杨晶，李培功. 网络舆论的公司治理影响机制研

究——基于定向增发的经验证据［J］.南开管理评论，2013，16
（3）：80-88.

［134］施荣盛.投资者关注与分析师评级漂移——来自中国股票
市场的证据［J］.投资研究，2012.

［135］宋顺林，唐斯圆.投资者情绪、承销商行为与IPO定价——
基于网下机构询价数据的实证分析［J］.会计研究，2016（2）：66-72.

［136］苏冬蔚，曾海舰.宏观经济因素与公司资本结构变动
［J］.经济研究，2009，44（12）：52-65.

［137］孙建军，王美今.股市政策对个体证券投资者交易行为的
影响——行为金融理论对我国股市低迷现状的解释［J］.数量经济技
术经济研究，2004（6）：141-146.

［138］孙鲲鹏，肖星.互联网社交媒体、投资者之间交流与资本
市场定价效率［J］.投资研究，2018，37（4）：140-160.

［139］童盼，陆正飞.股东——债权人冲突对企业投资决策影响
研究述评［J］.中国注册会计师，2004（6）：55-58，3.

［140］托马斯·梅耶.传媒殖民政治［M］.刘宁，译.北京：中
国传媒大学出版社，2009：1-139.

［141］万东灿.审计收费与股价崩盘风险［J］.审计研究，2015
（6）：85-93.

［142］万良勇.法治环境与企业投资效率——基于中国上市公司
的实证研究［J］.金融研究，2013（12）：154-166.

［143］汪昌云，武佳薇.媒体语气、投资者情绪与IPO定价
［J］.金融研究，2015（9）：174-189.

［144］汪强，林晨，吴世农.融资约束、公司治理与投资—现金
流敏感性——基于中国上市公司的实证研究［J］.当代财经，2008
（12）：104-109.

［145］王成秋.对投资效率的界定［J］.生产力研究，2006（9）：
38-39.

［146］王化成，曹丰，叶康涛.监督还是掏空：大股东持股比例
与股价崩盘风险［J］.管理世界，2015（2）：45-57.

[147] 王化成, 孙健, 邓路, 等. 控制权转移中投资者过度乐观了吗? [J]. 管理世界, 2010 (2): 38-45, 186.

[148] 王俊秋, 花贵如, 姚美云. 投资者情绪与管理层业绩预告策略 [J]. 财经研究, 2013, 39 (10): 76-90.

[149] 王美今, 孙建军. 中国股市收益、收益波动与投资者情绪 [J]. 经济研究, 2004 (10): 75-83.

[150] 王琰, 陈浩. 人以天地之气生: 气象对人类心理与行为的影响 [J]. 心理科学进展, 2017, 25 (6): 1077-1092.

[151] 王义中, 宋敏. 宏观经济不确定性、资金需求与公司投资 [J]. 经济研究, 2014 (2): 4-17.

[152] 吴战篪, 李晓龙. 内部人抛售、信息环境与股价崩盘 [J]. 会计研究, 2015 (6): 48-55.

[153] 伍燕然, 韩立岩. 不完全理性、投资者情绪与封闭式基金之谜 [J]. 经济研究, 2007 (3): 117-129.

[154] 谢平, 邹传伟. 互联网金融模式研究 [J]. 金融研究, 2012 (12): 11-22.

[155] 辛清泉, 林斌. 债务杠杆与企业投资: 双重预算软约束视角 [J]. 财经研究, 2006, 32 (7): 73-83.

[156] 熊艳, 李常青, 魏志华. 媒体报道与IPO定价效率: 基于信息不对称与行为金融视角 [J]. 世界经济, 2014 (5): 135-160.

[157] 许年行, 江轩宇, 伊志宏, 徐信忠. 分析师利益冲突、乐观偏差与股价崩盘风险 [J]. 经济研究, 2012, 47 (7): 127-140.

[158] 许年行, 于上尧, 伊志宏. 机构投资者羊群行为与股价崩盘风险 [J]. 管理世界, 2013 (7): 31-43.

[159] 薛斐. 我国投资者情绪指数选择的实证检验 [J]. 世界经济情况, 2005 (14): 14-17.

[160] 杨畅, 李寒娜. 不完全契约、制度环境与企业绩效——基于上市公司的实证研究 [J]. 山西财经大学学报, 2014, 36 (9): 104-112.

[161] 杨畅, 刘斌, 闫文凯. 契约环境影响企业的投资行为吗——

来自中国上市公司的经验证据 [J]. 金融研究, 2014 (11): 79-93.

　[162] 杨德明, 赵璨. 媒体监督、媒体治理与高管薪酬 [J]. 经济研究, 2012 (6): 116-126.

　[163] 杨峰. 中国证券市场投资者情绪分析 [J]. 现代经济信息, 2018 (12): 294-295, 297.

　[164] 叶康涛, 陆正飞, 张志华. 独立董事能否抑制大股东的"掏空"? [J]. 经济研究, 2007 (4): 101-111.

　[165] 叶康涛, 曹丰, 王化成. 内部控制信息披露能够降低股价崩盘风险吗? [J]. 金融研究, 2015 (2): 192-206.

　[166] 伊志宏, 杨圣之, 陈钦源. 分析师能降低股价同步性吗——基于研究报告文本分析的实证研究 [J]. 中国工业经济, 2019 (1): 156-173.

　[167] 尹美群, 张继东, 刘帆. 社会化网络媒体关注与审计费用——基于微博媒体数据的分析 [J]. 科学决策, 2016 (11): 18-38.

　[168] 游家兴, 吴静. 沉默的螺旋: 媒体情绪与资产误定价 [J]. 经济研究, 2012, 47 (7): 141-152.

　[169] 游家兴, 郑建鑫. 媒体情绪、框架依赖偏差与IPO异象——基于议程设置理论的研究视角 [J]. 投资研究, 2013, 32 (12): 68-84.

　[170] 于鹏. 股权结构与财务重述: 来自上市公司的证据 [J]. 经济研究, 2007 (9): 134—144.

　[171] 于忠泊, 田高良, 齐保垒, 等. 媒体关注的公司治理机制——基于盈余管理视角的考察 [J]. 管理世界, 2011 (9): 127-140.

　[172] 于忠泊, 田高良, 张咏梅. 媒体关注、制度环境与盈余信息市场反应——对市场压力假设的再检验 [J]. 会计研究, 2012 (9): 40-51.

　[173] 余峰燕, 郝项超, 梁琪. 媒体重复信息行为影响了资产价格么? [J]. 金融研究, 2012 (10): 139-152.

　[174] 余明桂, 夏新平, 邹振松. 管理者过度自信与企业激进负

债行为［J］. 管理世界, 2006（8）: 104-112, 125, 172.

［175］余佩琨, 钟瑞军. 个人投资者情绪能预测市场收益率吗［J］. 南开管理评论, 2009, 12（1）: 96-101.

［176］岳川. 投资者情绪与上市公司投资行为研究［D］. 成都: 西南财经大学, 2013.

［177］翟淑萍, 黄宏斌, 何琼枝. 投资者情绪、研发投资及创新效率——基于理性迎合渠道的研究［J］. 华东经济管理, 2017（12）: 46-54.

［178］张功富, 宋献中. 我国上市公司投资: 过度还是不足?——基于沪深工业类上市公司非效率投资的实证度量［J］. 会计研究, 2009（5）: 71-79, 99.

［179］张建勇, 葛少静, 赵经纬. 媒体报道与投资效率［J］. 会计研究, 2014（10）: 59-65.

［180］张静, 王生年, 吴春贤. 会计稳健性、投资者情绪与资产误定价［J］. 中南财经政法大学学报, 2018（1）: 24-32, 72, 159.

［181］张路明, 韦克俭. 投资者情绪、机构投资者异质性与过度投资［J］. 会计之友, 2018（16）: 28-35.

［182］张强, 杨淑娥, 杨红. 中国股市投资者情绪与股票收益的实证研究［J］. 系统工程, 2007（7）: 13-17.

［183］张少群, 魏晶晶, 廖祥文. Twitter 中的情绪传染现象［J］. 山东大学学报（理学版）, 2016（1）: 71-76.

［184］张维, 赵帅特. 认知偏差、异质期望与资产定价［J］. 管理科学学报, 2010, 13（1）: 52-59.

［185］张祥建, 徐晋. 股权再融资与大股东控制的"隧道效应"——对上市公司股权再融资偏好的再解释［J］. 管理世界, 2005（11）: 127-136.

［186］张旭. 股票市场投资者情绪对上市公司投资行为影响研究［D］. 哈尔滨: 哈尔滨商业大学, 2017.

［187］张雅慧, 万迪昉, 付雷鸣. 股票收益的媒体效应: 风险补偿还是过度关注弱势［J］. 金融研究, 2011（8）: 143-156.

[188] 张雅慧，万迪昉，付雷鸣. 媒体报道与IPO绩效：信息不对称还是投资者情绪？——基于创业板上市公司的研究［J］. 证券市场导报，2012（1）：70-77.

[189] 张峥，徐信忠. 行为金融学研究综述［J］. 管理世界，2006（9）：155-167.

[190] 张宗新，王海亮. 投资者情绪、主观信念调整与市场波动［J］. 金融研究，2013（4）：142-155.

[191] 周建，许为宾. 企业投资效率研究综述［J］. 现代管理科学，2017（1）：12-14.

[192] 周业安，宋翔. 理解组织行为：一个行为经济学的视角［J］. 中国人民大学学报，2007，21（4）：46-52.

[193] 周勇. 我国投资者情绪度量及其与股市关系研究［D］. 西安：西安大学，2017.

[194] 朱武祥. 行为公司金融理论及其发展［J］. 经济学动态，2003（4）：63-67.

附　录

附录 1　微博采集数据媒体来源

序号	博主名称	粉丝数	微博数	账号主体
1	21 世纪经济报道	1649 万	4 万	机构媒体
2	财经郎眼	35 万	2131	机构媒体
3	财联社 APP	134 万	9 万	机构媒体
4	新浪证券	279 万	9 万	机构媒体
5	哈希财经	20 万	1 万	机构媒体
6	爱股票	27 万	3 万	机构媒体
7	第一财经日报	1403 万	6 万	机构媒体
8	财经网	3180 万	15 万	机构媒体
9	央视财经	2947 万	7 万	机构媒体
10	凤凰财经	526 万	7 万	机构媒体
11	新浪财经	1699 万	17 万	机构媒体
12	每日经济新闻	3757 万	17 万	机构媒体
13	NBD 证券投资	67 万	3 万	机构媒体
14	Top 财经 08	26 万	2 万	机构媒体
15	第一财经 YiMagazine	394 万	1 万	机构媒体
16	董事会杂志	14 万	2 万	机构媒体
17	凤凰网股票	27 万	3 万	机构媒体
18	证券时报网	154 万	5 万	机构媒体
19	证券中国网	26 万	1 万	机构媒体

序号	博主名称	粉丝数	微博数	账号主体
20	中国证券报	67 万	4 万	机构媒体
21	上海证券报	97 万	6 万	机构媒体
22	和讯网股票	62 万	4 万	机构媒体
23	深蓝财经	52 万	6 万	机构媒体
24	网易财经	107 万	6 万	机构媒体
25	微博股票	456 万	2 万	机构媒体
26	证券日报之声	102 万	10 万	机构媒体
27	证券市场红周刊	322 万	6 万	机构媒体
28	支点财经	778 万	11 万	机构媒体
29	徐小明	100 万	9598	个人自媒体
30	淘金客	40 万	2 万	个人自媒体
31	凯恩斯	211 万	3 万	个人自媒体
32	股市风云	70 万	2 万	个人自媒体
33	空空道人	73 万	5 万	个人自媒体
34	wu2198	559 万	4 万	个人自媒体
35	沙黾农	312 万	3715	个人自媒体
36	叶荣添	109 万	4375	个人自媒体
37	财经—谋略之王	100 万	6916	个人自媒体
38	但斌	1314 万	18 万	个人自媒体
39	付鹏的财经世界	30 万	1 万	个人自媒体
40	股指期货 998	117 万	3 万	个人自媒体
41	股指期货Z先生	37 万	5 万	个人自媒体
42	洪榕	243 万	2 万	个人自媒体
43	金融八卦女	285 万	2 万	个人自媒体
44	六国虹	39 万	7 万	个人自媒体

续表

序号	博主名称	粉丝数	微博数	账号主体
45	皮海洲	53 万	4 万	个人自媒体
46	苏渝	176 万	7 万	个人自媒体
47	投行小兵	25 万	2 万	个人自媒体
48	吴国平财经	67 万	3 万	个人自媒体
49	武汉刘正涛	215 万	6 万	个人自媒体
50	战鹰 gavin50	119 万	5 万	个人自媒体

附录 2　社会化网络媒体采集媒体名单

序号	博主名称	粉丝数	微博数	账号主体
1	21 世纪经济报道	1649 万	4 万	机构媒体
2	财联社 APP	134 万	9 万	机构媒体
3	新浪证券	279 万	9 万	机构媒体
4	哈希财经	20 万	1 万	机构媒体
5	第一财经日报	1403 万	6 万	机构媒体
6	财经网	3180 万	15 万	机构媒体
7	央视财经	2947 万	7 万	机构媒体
8	凤凰财经	526 万	7 万	机构媒体
9	新浪财经	1699 万	17 万	机构媒体
10	每日经济新闻	3757 万	17 万	机构媒体
11	NBD 证券投资	67 万	3 万	机构媒体
12	第一财经 YiMagazine	394 万	1 万	机构媒体
13	董事会杂志	14 万	2 万	机构媒体
14	凤凰网股票	27 万	3 万	机构媒体
15	证券时报网	154 万	5 万	机构媒体
16	证券中国网	26 万	1 万	机构媒体

序号	博主名称	粉丝数	微博数	账号主体
17	中国证券报	67 万	4 万	机构媒体
18	上海证券报	97 万	6 万	机构媒体
19	和讯网股票	62 万	4 万	机构媒体
20	深蓝财经	52 万	6 万	机构媒体
21	网易财经	107 万	6 万	机构媒体
22	微博股票	456 万	2 万	机构媒体
23	支点财经	778 万	11 万	机构媒体
24	股市风云	70 万	2 万	个人自媒体
25	财经—谋略之王	100 万	6916	个人自媒体
26	付鹏的财经世界	30 万	1 万	个人自媒体
27	股指期货 998	117 万	3 万	个人自媒体
28	股指期货 if 先生	37 万	5 万	个人自媒体
29	投行小兵	25 万	2 万	个人自媒体
30	吴国平财经	67 万	3 万	个人自媒体